用设计游戏的思维
设计教学

小学数学游戏化教学实战

姚铁龙 / 主编

中国出版集团　现代出版社

图书在版编目（CIP）数据

用设计游戏的思维设计教学：小学数学游戏化教学
实战 / 姚铁龙主编. — 北京：现代出版社，
2021.10

ISBN 978-7-5143-9609-6

Ⅰ.①用… Ⅱ.①姚… Ⅲ.①小学数学课—教学研究
Ⅳ.①G623.502

中国版本图书馆CIP数据核字（2021）第213847号

用设计游戏的思维设计教学：小学数学游戏化教学实战

作　者	姚铁龙
责任编辑	袁　涛
出版发行	现代出版社
地　址	北京市安定门外安华里504号
邮政编码	100011
电　话	010-64267325　64245264
网　址	www.1980xd.com
电子邮箱	xiandai@cnpitc.com.cn
印　制	北京政采印刷服务有限公司
开　本	710mm×1000mm　1/16
印　张	10.25
字　数	164千字
版　次	2022年4月第1版　2022年4月第1次印刷
书　号	ISBN 978-7-5143-9609-6
定　价	45.00元

目录

三年级

玩得过瘾，悟得明白
——"填数游戏"教学案例及评析

深圳市福田区福田小学　范翊贝

【游戏介绍】

适合年级：一年级。

玩家人数：全班。

游戏时间：40分钟。

【游戏准备】

图1

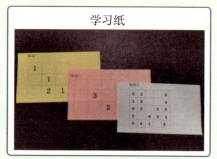

图2

【游戏目的】

（1）经历填数游戏，初步提高分析推理能力。

（2）在探索、尝试、交流等活动中，体会填数游戏的乐趣，激发学习兴趣。

【游戏类型】

这是一节好玩的数学游戏课，设计了三个不同难度的填数游戏（配了三张不同颜色的学习纸），以个人或小组为单位进行挑战，并且分析总结填数游戏的方法技巧。

【游戏规则】

（1）每个空格中只能填写1，2，3中的一个。
（2）每一横行、每一竖行的数字不能重复。

【游戏教学实战】

（一）教学目标

（1）经历填数游戏，初步提高分析推理能力。
（2）在探索、尝试、交流等活动中，体会填数游戏的乐趣，激发学习兴趣。

（二）教学重难点

（1）学会正确和合理地推理，说清填数的顺序及理由。
（2）积累总结填数经验，掌握填数方法。

（三）课堂回放

游戏是儿童的天性，儿童是天生的游戏者！此话不假，将游戏的元素融入教学过程，学生更易沉浸其中。鉴于此，北师大版小学数学教材设置了一些游戏的内容，增添了一些游戏的元素，力求让学生在生动活泼中激发兴趣、拓宽视野、发展分析和解决实际问题的能力。但是如何更有效地达成这些目的，如何将数学游戏与数学教育完美地融合，让学生玩得过瘾，同时悟得明白，这考量着教师的智慧。这里以北师大版小学数学一年级下册第七单元"数学好玩"《填数游戏》一课为例，阐述我们的思考。

1. **导入（发现规则，理解规则）**

师：同学们，喜欢玩游戏吗？（生答略）今天老师和同学们玩一个有趣的游戏。一听说玩游戏，一群可爱的宝宝也来到了这里，快看！它们是谁？

生1：1，2，3。

生2：数字宝宝。

师：噢，是数字王国里的数字宝宝呀，它们在干什么呢？（CAI课件播放图3）

图3

生：在排队。

师：它们排得真整齐，你能发现它们排队有什么秘密吗？

生：第一行是1，2，3，第二行、第三行也是1，2，3。

师：你发现了这个，不错。还有人想说说吗？

生：竖着第一列是1，第二列是2，第三列是3。

师：真仔细！瞧，它们又要换新排法了。（CAI课件播放图4）现在你们又发现了什么？

图4

一年级

生1：第一行是2，3，1，第二行是1，2，3，第三行是3，1，2。

生2：第一列是2，1，3，第二列是3，2，1，第三列是1，3，2。

生3：每一行、每一列都有数字宝宝1，2，3。

（板书：每一行、每一列都有1，2，3）

师：刚才同学们注意到没有，数字宝宝2刚准备排队，但它一直在犹豫，为什么它不排这个格呢？

生1：排到这个空格这一列就没有3了。

生2：排到这个空格竖着看数字宝宝2就出现两次了。

师：出现两次就叫作重复。那现在每行每列的数字宝宝有重复吗？

生答后板书：每一横行、每一竖行的数字不能重复。

评析：不是给出结论，而是创造例子。玩游戏首先要遵循游戏规则，游戏规则由谁提供？别具匠心，教师创设了一个趣味性的游戏情境："数字宝宝2刚准备排队，但它一直在犹豫，为什么它不直接排到这个格呢？"进而引发学生思考，找到数字宝宝排队的奥秘：每一横行、每一竖行都有1，2，3，并且数字不能重复。课伊始，趣已生！

2. 探究新知（尝试填数，理顺逻辑）

游戏一：抢答填数（学会表达，理顺逻辑）

师：同学们，你们真聪明！发现了数字宝宝排队的秘密。今天我们就利用这个秘密一起来玩一个填数游戏。（板书：填数游戏）首先我们来听听游戏规则。

CAI播放：①每个空格中只能填写1，2，3中的一个；②每一横行、每一竖行的数字不能重复。

师：听完后你觉得有没有需要提醒大家的？

生1：数字不能重复。

生2：只能填写1，2，3中的一个。

评析：教育是激励、唤醒和鼓舞！"有没有需要提醒大家的"，将"回答老师问题"转换成"提醒同伴注意"，角色改变，学生积极性也跟着改变！

师：清楚游戏规则了吗？现在请拿出桌面上的学习纸（一），尝试填一填！

师：很多同学都做完了。谁来说说第一步填哪个格？为什么？

生：我第一步填这一格（边说边把五角星放在所填空格上，如图5所示），

— 5 —

因为这一行有了1和2，没有3，所以填3。

师：哦，原来是横着看的（板书：横着看），这一行有1和2，缺3，所以填3。

图5

师：还有不同的想法吗？第一步填哪个格？

生：我第一步填了这个格子（见图6），因为这一列有1和2，所以填3。

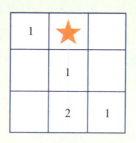

图6

师：你从哪个方向看的？

生：竖着看。

师（板书：竖着看）：谁能完整地表达一遍？

生：竖着看，这一列有了1和2，缺3，所以填3。

师：说得真完整，掌声送给他！

评析："第一步填哪个格？"这是核心问题，也是大问题。教学中，教师紧紧抓住这一核心问题，并将"这一核心问题"放大，在PPT上醒目呈现，进而将"填数"的思路、方法深深地烙在学生脑海里。

师：除了这两个格子，第一步可以先填其他的格子吗？（没有）为什么不先填这个格子呢？（把标志物贴到其中一格）

生：因为这个格子横着看，只有1，缺2和3，不确定填哪个。

师：所以，我们第一步该从哪里开始填？

生：数字多的地方。

生：只有一个空格的地方。

师：真聪明，一下子就抓住了填数的奥秘。填数要善于找到突破口，找到了突破口，就成功了一大半。（板书：只有一个空格）剩下的空格抢答完成！看看谁反应最快。

评析："第一步可以先填其他的格子吗？""为什么不先填这个格子呢？"在"正""反"对比中，学生深刻理解了填"唯一空格"的必要性。

游戏二：合作填数（尝试填数，总结方法）

师：真厉害！还想接着玩填数游戏吗？好，不过增加了点难度。对比一下，和刚刚有什么不一样？

（CAI课件播放图7）

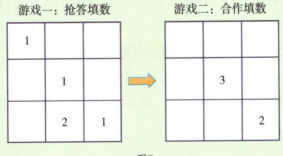

图7

生1：数字宝宝更少了，格子更多了。

生2：刚才有一横行，一竖行两个，现在没有哪行有两个了。

生3：刚才找只有一个空格的方法不能用了。

评析：真正重要的是学生怎么学，而不是教师怎样教。"游戏一和游戏二有什么不同？"学生主动辨析，问题不同了，思路也会调整、改变，为方法的"同"中有"异"做铺垫。

师：那第一步怎么填？请小组长拿出一号信封，将学习纸（二）发给组员，先独立思考，然后组内讨论。

（学生小组讨论，教师巡视，寻找典型填法）

师：第一步究竟填哪个格？哪个小组汇报一下。

生（把五角星贴在图8上）：我先填了这个格，因为这里有3了，不能填3，这里有2了，不能填2，只能填1。

图8

师：你说的"这里"是怎么看的？

生（支支吾吾）：横着看。

师：他很有想法，谁能够帮他完整地表达出来？

生：横着看有3了，五角星处不能填3；竖着看有2了，五角星处不能填2。1，2，3中不能填2和3，所以只能填1。

师：两个人的想法结合在一起就很完美了，掌声送给他们。

师：除了这个格子外，谁还能再找一个特别的格子？

生：最下面中间那格（见图9），横着看不能填2，竖着看不能填3。不能填2和3，所以只能填1。

图9

师：找到了突破口，现在会填了吗？

（生点头，独立填数后展示作品）

师：他填的跟你一样吗？恭喜你们都填对啦！哪位小老师来分享你的好办法？

生：我们要横着看有哪些数，竖着看有哪些数，思考一下缺哪个数，缺的那个数就填在交叉格里。

师：刚才这个同学说了一个词：交叉格（板书：交叉格）。谁能解释什么是交叉格吗？

生1：交叉格就是横着和竖着相交的那个格子。

生2：交叉格就是既在数字3这一列，又在数字2这一行的那一格。

师：解释得真好！这个格子很重要，是我们思考这些数字很少的游戏的突破口。做这样的填数游戏，我们不仅要横着看或竖着看，有时还要横竖一起看，寻找交叉格，填交叉格。（板书：横竖一起看，找交叉格）

评析：品味这段教学，感觉就是"透"。究其原因，就是在变中紧扣"不变"：先填哪一格？并且思考的方法也有相同之处：也是横看、竖看，只不过稍加改变的是，原来只看其中一行就够了，现在既要横着看，也要竖着看，同中有异，异中顺同！

游戏三：独立填数（独立练习，积累经验）

师：还想不想加大一点难度？（想）真有挑战精神！现在我又邀请了数字宝宝4和5一起玩填数游戏。

请看大屏幕（CAI课件播放图10），好像和刚才的游戏规则不太相同，你们能猜一猜现在的游戏规则吗？

5	1			3
1	3			4
4	2		1	5
2		4	3	1
3	4	1		2

图10

生1：每个空格只能填1，2，3，4，5中的一个。

生2：每一横行、每一竖行的数字不能重复。

评析：好的教学是激励、唤醒和鼓舞。二十五宫格对学生来说是个新问题。对于这个新问题，教师直接放手让学生"猜一猜现在的游戏规则"。这个问题看似有难度，实际在学生的"最近发展区"，学生"跳一跳能摘到果子"，关键在于"摘果子"的过程也培养了学生举一反三的能力。

师：哪些格可以一眼看出来？

生：横着看，第三、四、五行都只有一个空格，缺3，5，5。因此填3，5，5（见图11）。

图11

师：你们找到只有一个空格的地方，最容易填。那剩下的4格怎么填呢？（CAI课件播放图11）

请组长拿出二号信封，将学习纸（三）发给组员。独立思考，看看谁能最快填好。现在开始！

生：我先填的是这个格（见图12左）。横着看，缺2和4，竖着看，缺2和4。

师：那你怎么确定这里填2还是填4呢？

生：第一行中间这个格填2，所以第四格只能填4。

师：慢着慢着，原来你是先知道这里填2的（见图12右），那你第一步是填这个格的，你是怎么知道的？

图12

生：竖着看，这个格下面有4，所以不能再填4了。

师：有同学是按不一样的顺序填的吗？第一步填哪个格？

生：我先填的是这个格（见图13），横着看，不能填1，3，4，只能填2或5；（师配合用画笔演示）竖着看，不能填1，3，5，那么这个空格只能填2。

5	1			3
1	3		★	4
4	2	3	1	5
2	5	4	3	1
3	4	1	5	2

图13

师：同样是两个格中选一个格，第一次是选四个格中左边一格，第二次是选四个格中右边一格。有没有什么奥秘？

生1：都是横着、竖着一起看。究竟选哪一个格，就看哪个格横着、竖着，谁告诉我们的数字多。

生2：我补充一下。以第一行为例，第四格横着告诉了我们数字1，3，5，竖着也告诉了我们数字1，3，5，合起来也就告诉了我们三个数字。第三格横着告诉了我们数字1，3，5，竖着告诉了我们数字1，3，4，合起来告诉了我们四个数字：1，3，4，5，信息更多。所以应该先填第三格。

师：讲得非常好，老师把你说的整理下来（板书：横竖一起看，谁告诉的信息多就先填谁）。剩下的格子怎么填？（教学过程略）

评析：好的教学不是不要教师主导，而是教师要导在关键处，将一眼能看出来的空格先填出来，再引导学生集中火力聚焦剩下的四个空格，详略得当，使课堂呈现一种节奏美。

（四）课后反思

玩得过瘾，悟得明白。游戏主要是让学生玩，放手让学生玩，这在上述案例中表现得非常明显，突出表现在两点。

（1）游戏规则让学生自己去创造。上课一开始，教师就创设了一个趣味化的游戏情境（数字宝宝2刚准备排队，但它一直在犹豫，为什么它不直接排到这个格呢），进而引发学生思考，找到数字宝宝排队的奥秘：每一横行、每一竖行都有1，2，3，并且数字不能重复。教室里最努力的是学生，而不是教师。在研究例子的过程中，学生体会到创造游戏规则的乐趣，自豪感油然而生。

（2）奥秘让学生自己去探索。本节课一共设置了三个游戏：抢答填数、合作填数和独立填数。这三个游戏，教师始终扣着一个关键问题："先填哪一格"，并把这个关键问题放大，变红加粗放在PPT的醒目位置。事实上，抓住了这个问题也就抓住了填数游戏的牛鼻子，抓住了思考这类问题的金钥匙。剩下的只是在"变"与"不变"中顺应各个游戏的"异同"。事实上，这三个游戏的解题思路是有相通之处的，都是横着观察、竖着观察；当信息多时，横着看、竖着看选择其中一种就够了；当某一行某一列信息不够丰富时，就需要横竖结合起来一起观察。而这也彰显了选择"先填哪一格"的标准：能够透露更多数学信息的那一格。

【一句话点评】

游戏化教学把枯燥无味的数字摇身一变，变成有趣生动的数字宝宝，更贴近低年段学生的思维水平。"游戏化学习绝不只是为了吸引学生的注意力，而是让学习走向思维深处。"好的数学课要同时兼具趣味性和思考性。

绘声绘色，绘玩不止

——"认识图形"教学案例及评析

深圳市福田区文天祥小学　江　丹

【游戏介绍】

适合年级：一年级。

玩家人数：6人以小组为单位。

积分原则：每完成一个星球任务就可以加满能量，继续旅行。

游戏时间：40分钟。

【游戏准备】

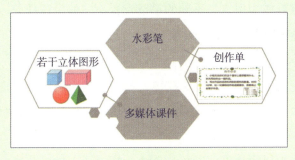

图1

【游戏目的】

挑战者将在绘本故事的推动下，经过概念学习、4~6人合作、小组PK、集体竞赛，从长方体上找到长方形"从体到面"，从正方体上找到正方形，从圆柱体上找到圆形，从三棱柱上找到三角形，经历从立体图形上找到平面图形的过程，从而认识四种平面图形。然后辨认四种平面图形，并用它们创作一幅图形作品。本节课设立层层任务，提升学生的立体空间思维和空间想象能力。

【游戏类型】

这是一节绘本游戏课，借小王子去星球旅行的故事背景，以小组为单位进行竞赛，每完成一个星球任务就能获得燃料作为能量，最后PK作品最佳的小组为胜，颁发奖品。

【游戏玩法】

图2

1. 绘本引入

借法国作家安托万·德·圣·埃克苏佩里的著作《小王子》的故事背景，以去不同星球旅行作为引入，不同的星球设置不同的星球任务，每完成一个任务就可以获得燃料加满能量，继续旅行。

2. 明确概念——感受"面在体上"

通过图形王国发生的博物馆失窃案，找出四种平面图形分别是从长方体、正方体、圆柱体、三棱柱上找到的，从而理解"面在体上"的概念。

3. 认识图形——感受图形特征

通过观察和表述四种平面图形的形状与特征，再把这些图形从立体图形上描到纸上，充分感受平面图形的特征，从而认识四种平面图形。

4. 巩固练习——辨认图形

通过去机器人王国辨认四种平面图形，机器人王国是由今天所学的平面图形组成的"机器人"，通过对图形形状和特征的辨认，进一步巩固对图形的认知。图形分类利用希沃白板的游戏，男女生派代表进行PK，全班学生一起参与，进一步加深对所学平面图形的印象。

5. 拓展练习——作品创作

设置魔幻王国的星球任务：小组通过合作讨论，创作比赛（用平面图形创作想象中的星球的画面），提升想象能力和创作能力。创作最佳的小组通过评选获取最后的胜利。

【注意事项】

创作作品的时候，注意要写出作品的名称和用到的图形的数量。

【游戏教学实战】

（一）教学目标

（1）情感目标：通过创造情境，激发学生积极探索新知识和学好数学的欲望，渗透热爱生活的情感教育。

（2）思维目标：通过"摸、找、画、说、拼"等活动，培养学生的操作能力、观察能力、表达及思维能力，培养学生的探索意识和协作精神，发展学生的空间观念。

（3）双基目标：通过观察、操作和讨论，学习正方形、长方形、圆、三角形，并深入体会"面在体上"。

（二）教学重难点

（1）学习正方形、长方形、圆、三角形。

（2）体会"面在体上"。

（三）课堂回放

活动一：绘本引入

师：同学们，今天可爱的小王子来到我们的教室，我们一起来听听他的故事吧。

在B-612星球上住着一位小王子，因为和一朵他深爱的玫瑰花闹别扭，同时也怀着想要了解外面世界的渴望，离开自己的星球，进行了一场"星际旅行"（见图3）。他走访了不同的星球，见到了形形色色的人和事。

— 15 —

师：他遇到了国王、爱慕虚荣的人、酒鬼、商人、点灯人、地理学家。

师：接下来，小王子还想去其他星球旅行，你们想跟他一起去吗？

在B-612星球上住着一位小王子，因为和一朵他深爱的玫瑰花闹别扭，同时也怀着想要了解外面世界的渴望，离开自己的星球，进行了一场"星际旅行"。

图3

生：想！

师：那今天就让我们开启和小王子的星球之旅吧！

（课件出示飞入太空的情境）

评析： 利用小王子的绘本故事吸引学生，通过去太空玩的情境，给学生创设了一个非常有趣的学习氛围，让学生通过飞向太空的姿势感受和想象去太空的乐趣，激起了学生的兴趣。

活动二：明确概念——感受"面在体上"

（完成第一个星球任务获取燃料）认识图形。

师：我们来到美丽的太空，但这次可不是简单的旅行。我们的飞船每飞往一个星球，都需要完成星球任务，才能加满能量，获得新的燃料，继续旅行！你们有信心完成星球任务吗？那就让我们出发，先飞往第一个星球吧！

机器人：欢迎你们来到图形王国，我的王国里有很多图形，你认识它们吗？

（见图4）

图4

师：这是我们上学期学过的几个立体图形，谁来说出它们的名字？

生：正方体、长方体、圆柱体、球体。（先个别问，再一起问）

师：这个图形我们没有学过，老师给大家介绍一下，它的名字叫三棱柱，和老师一起念两遍。

师：那我们认识图形王国的这几个立体图形，要完成什么样的星球任务，才能获得燃料呢？带着这个问题，我们继续去图形王国参观吧。

（绘本）

师：咦，那边有好多人，发生什么事情了？我们一起去看看吧！

（寻物启事：图形王国的各位居民，昨天晚上图形博物馆有几个立体图形失踪了，希望大家能提供线索，帮助我们找回图形！）

有几个居民提供了以下线索。

居民1：我在家门口发现了一个脚印是 _____ 。

居民2：我在田里发现了一个脚印是 □ 。

居民3：我在我家屋顶上也发现了一个脚印是 ○ 。

居民4：我在花园里发现了一个脚印是 △ 。

师：同学们，你们能根据这些线索判断是哪些立体图形失踪了吗？

老师也给大家准备了一些立体图形，一会儿请同学们摸一摸，小组交流讨论，你认为这些脚印分别是谁留下的。

师：谁来说说你认为这些脚印是哪些立体图形留下的？

生：长方体。

师：你是怎么判断的呢？

生：……（评价：你说得真好，说得有道理，你很会思考，你说得真清楚）还有谁来说说？还有不一样的答案和补充吗？

活动三：认识图形——感受图形特征

师：老师想请同学们把这些脚印从立体图形上搬到学习纸上，你们能做到吗？有什么办法？（让学生充分说一说，有些学生说印，有些学生说描，说到描的时候提问要注意什么）

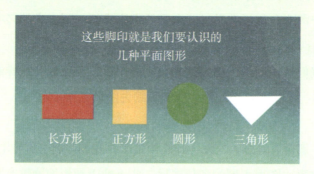

图5

师：同学们，选一个你喜欢的立体图形把它的脚印搬到学习纸上，搬完后和同伴说一说你搬下来的这个脚印长什么样子。开始。

师：同学们搬完了吗？老师把这些脚印从你们的学习纸上请下来了。请拿出大信封里面的这些脚印，摸一摸，这些脚印长什么样呢？谁来说说？

生：长长的，有两条长边，两条短边……

师：同学们说得真好，其实这些脚印也是几种图形，你们知道它们的名字吗？（长方形、正方形、圆形、三角形，见图5）它们的名字有什么共同点呢？

生：都有"形"字，对了，这几种是我们今天要学的平面图形。

师：那这些脚印到底是不是你们认为的立体图形留下来的呢？最后警察给

出了最终的结果：长方形是长方体留下来的，正方形是正方体留下来的，圆形是圆柱体留下来的，三角形是三棱柱留下来的。你们猜对了吗？

机器人：谢谢你们找回了博物馆消失的立体图形，为了感谢你们，我为你们的飞船加满了能量。祝你们下一站旅行愉快！

评析：大部分学生在生活中已经认识了各种平面图形，但对体和面的关系理解得还不透彻，通过摸一摸、说一说、描一描等活动，让学生理解体和面的关系，同时设计了小组活动，让学生通过观察、探索、合作、交流，进一步体会体和面的关系。同时，通过学生之间的合作，让不同知识水平的学生在小组学习中进行互补、互学。教师拓展性的设问也为学生创造性思维的培养提供了空间和时间。

活动四：巩固练习——辨认图形

完成第二个星球任务获取燃料（见图6）。

图6

师：那让我们加满能量，飞往第二个星球！

机器人：欢迎来到机器人王国！你能猜猜我是什么机器人吗？

机器人：我们现在准备去机器人王国参观，一会儿遇到很多交通标识，我们分别说出交通标识的形状。（出示课件）边走边问这个是什么形状。

机器人：我们的星球上还有很多交通标识，你能帮它们分类吗？正确分类后就能获得飞船燃料！（见图7）

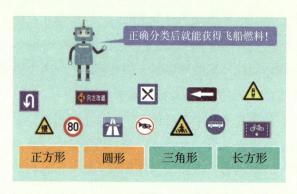

图7

师：下面我们请男女生派代表来对决，看哪个队最快把交通标识进行分类。

（1）你们看这些交通标识有些横着放、有些竖着放，为什么你就知道全部放在长方形这一类呢？

（2）这些标识有些大、有些小，为什么全部放在正方形这一类呢？

（3）长方形和正方形长得挺像的，你是怎么区别长方形和正方形的呢？

师：同学们把交通标识进行分类后，我们加满能量，准备去第三个星球。

评析： 学习生活中的数学是课标精神的体现。在学生掌握知识的基础上，提供一些具有一定结合性的题目，对知识进行强化巩固：结合生活实际设计了认识交通标识等活动，使我们的学习和生活紧密相连。

活动五：拓展练习——作品创作

完成第三个星球任务获取燃料（见图8）。

> **星球家园**
>
> 1.想一想在这个星球上你最希望看到什么，把你想看到的物体用长方形、正方形、圆形、三角形这四种图形画出来并创作一幅作品。
>
> 2.写出作品的名称和用到的图形的数量。
>
> > 作品名称：
> > 一共用了（　）个圆形
> > 　用了（　）个正方形
> > 　用了（　）个长方形
> > 　用了（　）个三角形

图8

师：终于来到了第三个星球——魔术王国。老师现在要变一个魔术，你们想不想看？

老师想把在魔术王国看到的东西变到星球家园上，你们猜一猜我想变出什么？

这个是圆柱体，这个是圆柱体上的圆形，老师要把这个圆形从圆柱体上搬下来。是不是搬下来了呀？魔术接着变，变变变，你们看，我变出什么了？

花，然后我把作品名称写上去（花），数一数用了多少个图形。

你们也想变一变吗（想）？

好，请听要求。

（1）你们在这个星球上最想看到什么？小组交流共同创作一幅作品。

（2）写出作品的名称和用到的图形的数量。时间3分钟，比一比哪组创作的速度最快，获胜组上台展示。

师：请同学们来分享一下你们的作品。

评析：学生的数学学习活动应当是一个生动活泼、主动的和富有个性的过程，让学生自己画图形更能巩固理解"面在体上"并发展了学生的想象力与创造力，使学生的个性得到了发展，创造欲望得到了满足。在学生的作品中，我们能充分感受到学生那极其丰富的想象和不受拘束的创造，让学生学会自我欣赏和互相欣赏，有利于学生自信心的培养。

活动六：总结（见图9）

同学们，你们去星球旅行有什么收获和感想呢？和大家分享一下吧！

图9

师：你们的创意真棒！相信魔术王国会帮你们实现的！那我们现在要准备飞回地球了。和小王子一起进行星球之旅，你们开心吗？所以我们现在要好好学习，长大了做一名科学家，继续探索宇宙中的奥秘。好，今天的课就上到这儿，下课。

评析：首尾照应，整节课用去太空、上星球等情境串联起来，然后回到地球，再加以情感教育，激发学生的求知欲，引起学生情感上的共鸣。

（四）课后反思

（1）玩——玩得过瘾：爱玩是孩子的天性，兴趣是最好的老师。抓住小学生好动、好奇、好玩等心理特点，设计生动有趣、直观形象的游戏活动。如整节课以小王子的绘本故事为情境，去太空游玩，去几个不同星球的情境调动学生的兴趣。师生共同玩、小组合作玩、学生独立玩等多样形式，使学生玩得开心、玩得过瘾。

（2）悟——悟得明白：教学中的每一个教学环节，都充分调动了学生的多种感官参与学习，让学生在摸一摸、想一想、说一说等活动中充分体验，逐步感悟，突出了学生获得知识的过程。由于教师为学生创设了自由的活动空间，创建了愉悦的活动氛围，提供了充裕的活动时间，学生在层层递进的活动中，从不知到知之，从模糊到清晰，悟得明白。

（3）说——说得清楚：语言是思维的外壳，学生说得越好，表明学生悟得越明白。要让学生把体验和感悟到的知识转化为外显知识，就要让学生学会用自己的语言清楚地描述长方形、正方形、三角形和圆的形状与特征，始终坚持让学生在活动中相互交流，使学生不仅悟得明白，而且说得清楚。

【一句话点评】

绘本故事的引入，游戏任务的驱动，技术的融合，做到了游戏性与教育性的结合、动态与静态的结合、线上与线下的结合、合作与独立的结合，学生完成游戏活动的同时，也在完成知识的构建。

踏遍城池，探寻规律

——"规律之城"教学案例及评析

深圳市福田区荔园外国语小学　胡亦菲

【游戏介绍】

适合年级：一年级。

游戏时间：40分钟。

【游戏准备】

图1

图2

图3

图4

图5

图6

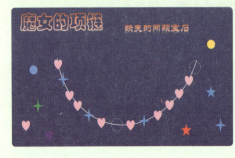
图7

图8

【游戏目的】

以规律之城为背景，设定公主拯救王子的情境，充分调动学生学习的积极性。挑战者将在各个关卡的挑战中，通过寻找不同的规律找到前往下一个目的地的"钥匙"，提高学生的合作、表达能力和探究乐趣，发展学生的归纳推理能力。

【游戏类型】

这是一节情境类游戏课，设置八个关卡，分别以个人挑战、同桌合作、小组互助等形式帮助公主通过一道道暗含规律密码的关卡，找出相应的规律（选择对应的道具）完成关卡守护者的任务。

【游戏玩法】

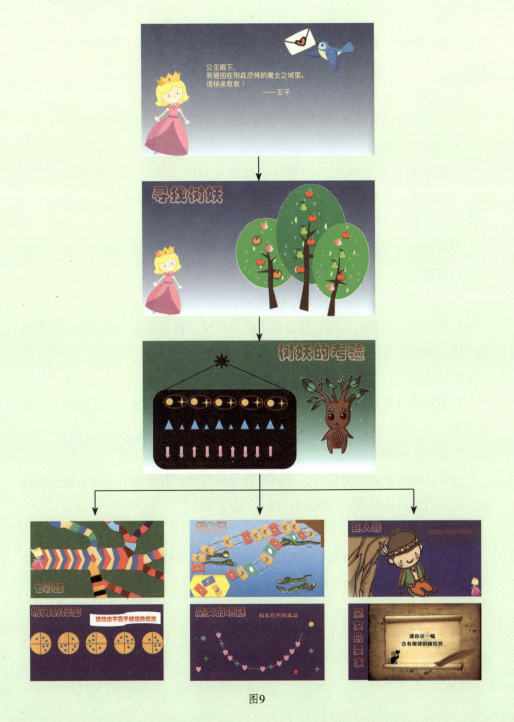

图9

游戏的思维 设计教学：小学数学游戏化教学实战

1.掌握游戏规则

营造游戏氛围，带入游戏角色，师生以公主朋友的身份进入游戏课堂，通过对故事发生背景的讲解，学生掌握游戏规则并理解游戏内容，进行破解。

2. 寻找树妖

通过简单寻找含有规律的大树找到树妖，初步接触规律。

3. 树妖的考验

树妖带来三组不同类型的规律，通过老师的引导，学生初步认识"一组""按顺序""重复出现"等词，学会用数学语言描述规律。

4. 七彩路

在掌握如何寻找规律、描述规律后，进入规律之城，感受颜色规律，选择正确的道路。

5. 鳄鱼潭

在破解颜色规律后，鳄鱼潭设置了叠加规律，包括颜色、图形及方向的组合规律，难度加大。

6. 巨人谷

在破解组合规律后，初步感受声音规律，并随之打节拍。在此基础上，难度加大，自己创造一段声音规律，生生互动破题。

7. 城门的秘密

在解决规律之城的难题后，来到魔女之城入口。需要找出不属于城门的砖块，而城门规律是以圆形为顺时针环绕，难度升级。

8. 魔女的项链

成功进入城门后，须接受魔女的考验，找到魔女项链上缺失的宝石。此处规律不再是不变的，而是不断发展变化的。

9. 魔女的要求

魔女最后的要求：学生自己创作一幅含有规律的画作，并让同学说出自己所表达的规律，再尝试在同学的基础上继续画下去。

【注意事项】

部分关卡难度稍高，教师需要解释，引导学生去发现每一个图像间的不同与相同之处，用读、圈、找来寻找规律，并用自己的语言说出规律。

【游戏教学实战】

(一) 教学目标

(1) 通过观察、实验、猜测的活动，发现图形排列的简单规律，理解规律的含义，并能描述和表示规律。同时会根据发现的规律进行推理，确定后续图形的排列方式。

(2) 在发现规律、描述和表示规律以及简单应用规律的过程中，培养学生初步的观察能力、数学表征能力、归纳推理能力和表达能力，能理解规律的本质是"一组、按顺序、重复出现"。

(3) 学生感受规律在生活中的应用，初步培养学生欣赏数学规律美的意识。培养学生的合作意识和人际交往能力，使学生获得成功的情感体验，树立乐于助人的意识。

(二) 教学重难点

(1) 发现事物 (图形) 的排列规律，掌握找规律的方法，用规律解决简单问题。

(2) 体会规律的本质是"一组、按顺序、重复出现"；用自己的语言表达、读出规律或用"一组、按顺序、重复出现"等词语简单描述出现的规律。

(三) 课堂回放

1. 趣味导入，感悟规律

师：同学们，今天老师给大家带来了一个公主和王子的故事。我们一起去看看发生了什么吧！

师：你看明白了吗？

生：魔女抓走了王子，公主需要先经过规律之城才能到达魔女的城堡。

师：那大家准备好和公主一起去规律之城探险了吗？

生：准备好了！

2. 置身情境，探究规律

师：想找到规律之城的入口，先要找出树妖。

而树妖藏在规律之树下面，是哪一棵？为什么？

图10

生答。

师：你们同意吗？

看看树妖出现了没有？

（1）认识"一组"。

师：树妖给大家出了难题。

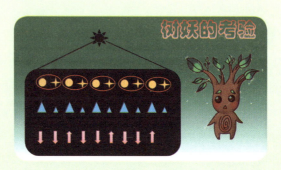

图11

生：第一行是圆形、十字形，圆形、十字形，圆形、十字形……

师：说得很好，老师把其中的一部分移到黑板上，第一个是什么？（圆形）接着是……（十字形）

那我们就把圆形和十字形叫作"一组"。

师：谁和谁一组？一起说。

（2）认识"重复出现"。

师：老师把它们圈起来。后面的每一组，谁能上来圈一圈？

这样的每一组一样吗？

师：也就是说，后面出现的总是跟前面的一模一样，我们把这种现象叫作重复出现。

（3）认识"按顺序"。

如果继续往后画，应该怎么画？

生：先圆形，后面是十字形。

师：像这样，总是先圆形后十字形的顺序，用数学的语言，我们就说第一行的规律是圆形和十字形两个为一组，按顺序重复出现。

谁是学习小能手，已经知道怎么描述规律了？

师：果然厉害，一下子就学会了。

现在我们一起来总结一下是怎么发现第一行的规律的。

生：先读它的排列，再找到重复的每一组，圈出来。

师：下面我们用这种方法研究后两行的排列并用数学语言说出它们的规律。

师：第二行和第三行都是按照几个一组依次重复出现呢？

同桌之间互相说一说，一会儿老师请同学来汇报。

生答。

师：哇，真棒，一下子就描述清楚了！

师：像这样按顺序重复的排列就是有规律的排列。

同学们不仅能找到规律，还能完整地总结表达出来，太聪明了！

首战胜利，接下来的路大家有信心吗！

师：月色中，巨人带领我们前往规律之城。

3. 置身情境，应用规律

师：哇！七彩路。

在规律之城里，该走哪一条呢？（见图12、图13）为什么？同桌之间可以讨论一下哦！

生：中间这一条。它是按照白粉蓝、白粉蓝三个为一组重复出现的。

师：你观察得真仔细！看看走对了吗？

真厉害！大家看，稍有差错，等待公主的就是邪恶妖怪了。

图12

图13

大家看接下来到了哪里？

生：鳄鱼潭（见图14）。

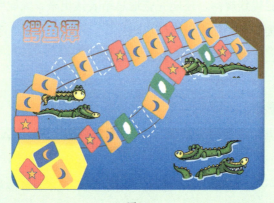

图14

师：你发现了什么？

生：都缺少了两块板。岸上有三块板。

师：那应该走哪条路呢？同桌之间互相讨论。

大家都是富有智慧的孩子，帮助公主走过了凶险的鳄鱼潭。给自己一点掌声吧！

师：好！那我们继续出发！是巨人谷！要想登上悬崖，需要完成巨人的要求（见图15）。

生跟随节奏拍打。

图15

师：真棒！这是什么规律？

生：声音的规律！

师追问：是几个节拍为一组的？

生：三个，前面两声一样，后面一个不一样，依次重复下去。

师：看来大家应变能力100分！不管是什么规律，都能把它找出来！那谁能上来自己打一段带规律的拍子，看下面的同学能跟上你的节奏吗？

生生互动。

师：哇，同学们不仅找到了巨人族的节拍，还自己创作出了拍子，巨人很欣赏你们，让公主借助他的身体登上了悬崖。

大家猜猜悬崖后面是什么？

图16

师：哇！不知不觉，我们都到魔女的城堡了！

（利用城堡教具）总结规律。

师：好，现在准备重新出发，大家准备好了吗？

想要进去，还需要解开城门的秘密。

哪一块砖不属于城墙？为什么？（见图17）

图17

请以4人小组为单位，相互讨论吧。

待会儿请小组上来汇报。

生上台汇报。

那请你们一起用手按住那一块砖吧！

师：门打开了，我们离王子越来越近，让我们再努力一下吧！

音频。

师：看来魔女不会让我们轻易地离开。

缺失的两颗宝石（见图18）。

图18

生发言。

师：大家看看，这一串珠子有几个十字形？几个爱心呢？

看来有些规律的核心是不变的，而有些规律的核心是在不断发展变化的。

4. 自主设计，创造规律

师：你们会找规律，会用规律解决问题，很了不起！

魔女很欣赏你们的才华，但想要救走王子，需要满足她一个要求（见图19），她才会让公主和王子平安离开。

图19

请你们拿出自己的练习纸，开始创作吧！

师：来，欣赏几个小组的作品。（投屏）

你们用自己的智慧创造出了不同的规律，真有创意！

5. 概括升华，欣赏规律（见图20、图21）

图20

图21

师：其实生活中的规律也有很多，老师就收集了一些，白天黑夜的重复出现（见图22）、春夏秋冬的重复出现（见图23）、指示灯红绿黄的重复出现（见图24）、灰白墙砖的重复出现……真神奇啊！

图22　　　　　　　　　　　　　　　图23　　　　　　　　　图24

师：其实，一组重复出现只是规律中的一种，规律多种多样。今后就让我们到数学世界继续探索规律吧，下课！

（四）课后反思

1. 优点

（1）情境营造：营造公主拯救王子的情境，使学生积极地投入课堂。

（2）浸入式学习：教师的语言魅力感染学生融入角色，投入学习。

（3）游戏新颖有创意：游戏设计新颖，有创意，可操作性强。

（4）教具制作精美：教具精美，具有吸引力，用巨大的城堡卡片带领学生梳理不同规律。

2. 缺点（需要改进和反思的）

（1）重难点：给学生更多的时间感悟"一组、按顺序、重复出现"。

（2）层次感：关卡的设计是否更有难度一点，值得思考。

（3）教师上课情绪是否可以更加起伏，引导学生更投入课堂。

【一句话点评】

情境化教学的不确定性设计吸引学生参与其中，在这样的挑战关卡的活动中，学生的归纳推理能力和表达、合作能力都得到了提升，在这样的完成任务的游戏情境中，学生合作、探究、不放弃的游戏精神也得到了培养。

以"游戏"重塑学习，唤醒课堂生命力

——"两位数加两位数的进位加法"教学案例及评析

深圳市福田区荔园外国语小学（香蜜湖）　林晓敏

【游戏介绍】

适合年级：一年级。

玩家人数：4人。

游戏时间：40分钟。

【游戏准备】

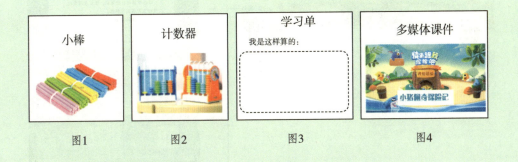

图1　　　图2　　　　图3　　　　图4

【游戏目的】

本节课依托绘本创设故事化情境，让学生沉浸在情境中，自发地、自主地解决问题；借助游戏材料，让学生经历多种不同算法，在多重算法对比、联系中内化算理、强化算法。

【游戏类型】

本节课创设"小猪佩奇探险记"绘本故事情境，用游戏化思维重塑课堂教学，让学生充分合作探究，巧借游戏化元素，虚实结合，静中感悟，动中操作，连接算理与算法的桥梁。

【游戏玩法】

图5

1. 绘本故事

观看《小猪佩奇》动画片段，出示动画中的对话，结合多媒体技术动态化呈现，营造出具有趣味性、生活感的情境，激发学生内心的需求，驱动学生解决问题。

2. 探究达人

游戏活动融合"竞争""反馈"等游戏机制，学生自由选择游戏材料动手操作。在既有合作也有竞争的游戏活动中，每个小组成员"各司其职"，独立思考操作，组内合作是互补型。

3. 我说你拨

游戏"我说你拨"，既紧张又刺激的游戏元素融合，多种感官参与的动手操作，这是速度与思维的碰撞。

4. 火眼金睛

"火眼金睛"更是利用线上抢答器技术，锻炼学生的反应能力，对算理、算法的熟练掌握程度更是一目了然。

5. 过危桥

学生独立思考并判断答案对错，此时，学生在"慢"中逐渐形成"脑中思"，内化算理、算法，分析问题、解决问题，提升思维能力。

【注意事项】

（1）提醒各小组组长记录小组成员发言次数，作为小组积分。
（2）游戏活动以小组的形式开展，组内要有合作精神。

【游戏教学实战】

（一）教学目标

（1）建立估算的意识；掌握两位数加两位数进位加法的计算方法；正确计算两位数加两位数进位加法以及相关的生活实际问题；体会计算方法的多样性。

（2）通过动手操作（摆一摆、拨一拨、写一写），探索两位数加两位数的计算方法，体会计算方法的多样性；运用所学知识解决有关的实际问题，感受数的运算与生活的密切联系，培养初步的估算意识和解决有关的简单的实际问题。

（3）感受与同学合作学习的乐趣，体会数学知识与生活实际的联系。

（二）教学重难点

（1）探索并掌握两位数加两位数进位加法的计算方法。

（2）理解两位数加两位数进位加法的算理。

（三）课堂回放

活动一：创设情境，激发兴趣

师：小朋友，认识这是谁吗？（见图6）还不出来，看来你们的诚意不够啊！坐端正，睁大眼睛看清楚了哦！

图6

生：小猪佩奇。

师：看来你们很喜欢小猪佩奇，那一定能帮它解决这个问题。发生了什么事呢？

（播放动画）你们看，佩奇买回38个恐龙蛋，乔治买回17个恐龙蛋，可是妈妈说这个盒子只能装60个恐龙蛋（见图7）。

图7

师：估一估、猜一猜，这个盒子能装得下吗？谁来估一下。

生1：把17估成20，38不变，20+38=58，58<60，装得下。

生2：把38估成40，17不变，40+17=57，57<60，装得下。

生3：把17估成20，38估成40，20+40=60，60=60，装得下。

师：不错，有的把其中的一个数估成整十数，另一个数不变。有的把17和38都往大的数估，估成整十数，确实很方便。我们把这种计算方法叫估算。

师：想一想，这里能往小估吗？

生1：不能，因为往小估，会比实际的结果小。估计结果变小，可能装得下。

生2：应该往大估，往大估，装得下，那实际也可以装得下。

评析：创设富有生活气息的情境，巧妙选用学生喜闻乐见的动画片人物，符合学生年龄与认知特点，既能引起学生的无意注意，激发学生内心的需求，驱动学生解决问题，又能巧妙地把计算与生活联系起来。此时教师追问：谁来估一下？学生会"挖空心思"地想答案。在学生不同的回答中，教师进一步总结和提升"估计的方法"。这样故事化的情境创设，让学生沉浸在情境中，自发地、自主地在解决问题的过程中培养估算意识，从而发展数感，获得情感上和思维上的提升。

活动二：游戏探究，内化算理

1. 解决问题

师：判断能否装得下，除了估算外，我们也可以直接计算，计算一共买了多少个恐龙蛋？

师：怎么列式解决？

生：38+17=　　　。

师：是多少呢？你能想到用什么方法计算吗？接下来，我们一起探究两位数加两位数的计算。（板书：两位数加两位数）我们来玩一下探究达人游戏。

游戏规则：

（1）小组每人选择一种材料（小棒模型、计数器模型、学习单），动手操作。

（2）组内分享，交流。

（3）比一比哪个小组方法最多（见图8）。

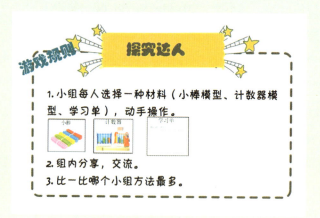

图8

学生分小组进行游戏探究，比一比哪个小组完成得又快又好。

评析：探究达人游戏活动融合"竞争""反馈"等游戏机制，展开组内合作，组间竞争模式，给活动增加了竞争性、刺激性。

2. 汇报交流

（1）摆小棒。

师：谁来摆小棒说一说？

生1：先摆38根小棒，再摆17根小棒，从17根小棒中拿2根小棒放在38根小棒里面，就是4捆，剩下15根，即55根（见图9）。

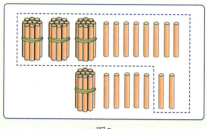

图9

学生一边摆一边说，教师圈。

师：谁听懂了他的想法？为什么38根和2根凑在一起？

生：从17根小棒中拿2根给38根，凑成40根。

师：为什么38根和2根凑在一起？

生：凑成整十数，计算更简便。

师：谁能把刚才摆小棒的过程用算式记下来？

生：38+2=40，40+15=55。

师：还有其他摆法吗？

生2：先摆38根小棒，再摆17根小棒，3捆和1捆合起来是4捆。8根和7根合起来是15根，即有5捆5根（见图10）。

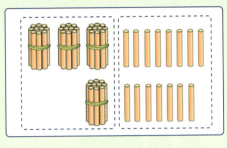

图10

师：用算式怎么记？

生：30+10=40，8+7=15，40+15=55。

师：听懂了吗？为什么3捆和1捆合在一起，8根和7根合在一起？

生：几捆和几捆相加，几根和几根相加。

（2）拨计数器。

师：谁愿意拨计数器说一说？

生：先拨出17，然后个位拨8个珠子，个位满10个珠子换成十位1个珠子。

师：为什么个位满10个珠子要拨到十位上去？

生：满十进一。这时个位剩下5个珠子，十位有5个，所以是55。

（3）竖式计算。

师：谁能在纸上写出你的方法，上来展示一下？

生上台汇报。

师：用竖式计算，你有什么要提醒其他同学的？

生：相同数位对齐，从个位算起，个位相加满10，向十位进1（见图11）。

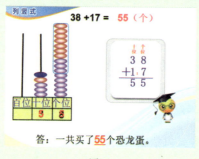

图11

师在黑板上示范竖式计算。

师：为什么相同数位对齐？

生：这样才可以个位加个位，十位加十位。

师：跟摆小棒哪一步一样？（见图12）

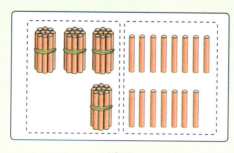

图12

生：几根和几根相加，几捆和几捆相加。

师：看到进位1，你想到计数器中的哪一步？

生：计数器个位满10向十位进1。

师：计算十位时，要注意什么？

生：不要忘加进位"1"。

师总结：小朋友真聪明，想出这么多种方法计算两位数加两位数的进位加法。结果都是55，那盒子能装得下吗？

生：能。

3. 学以致用

师：小猪佩奇在帮助你们学习用竖式计算，它出了两道题考你们，请拿出练习本用竖式计算。开始！

生上台汇报。

①37+24=　　　　　②46+64=

☆重点：46+64=

师：谁听懂了，再来说一说？

师：这道题计算有什么特别的？

生：十位满10要向百位进1。

师：竖式计算学得真好！只要满10，就向前进1。

评析：教学情境多种多样，有故事化的生活情境，也有动手操作、课件演示，丰富而富有趣味性的情境有助于学生接受与深刻理解数学知识。通过游戏操作，学生通过摆一摆小棒直观模型，拨计数器模型，促进思维的可视化，培养情感态度与价值观。

活动三：巩固提升，强化算法

师：竖式计算难不倒你们，你们敢挑战任务吗？我们跟随小猪佩奇一起前往海岛探险吧！（见图13、图14）

图13

图14

游戏一：我说你拨

师：请拿出你们的计数器，看谁又安静又快。

游戏规则（见图15、图16）：

（1）根据屏幕播出的算式，学生在规定时间独立完成拨计数器。

（2）操作正确得1颗星。

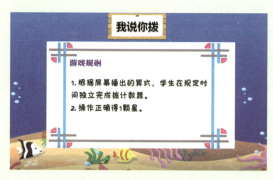

图15

图16

师：你是怎么拨的？快来说说。

重点：38+62= （课件演示）。

师：然后呢？（满10进1）

师：个位10个珠子了，换成十位1个珠子。接着呢？十位满10也要向百位进1，你们真棒！这都让你们发现了！看来计数器上"只要满10，就要向前进1"。

游戏二：火眼金睛

游戏规则：比谁最快找到竖式中的错误，最先按下抢答器并回答正确得2颗星。

师：火眼金睛（见图17、图18），比一比谁最快找出错误。开始！

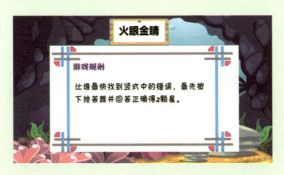

图17

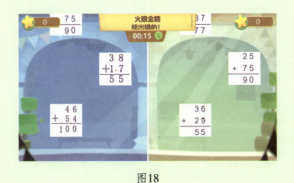

图18

（1）

```
    3 6
+   2 9
─────────
    5 5
```

生：忘加进位点。

师：在哪儿加？

（2）

```
    4
+   3 7
─────────
    7 7
```

生：4应该写在个位上。

师：对啦，相同数位要对齐。

（3）

```
    2 5
+   7 5
─────────
    9 0
```

生：十位满10要向百位进1。

游戏三：过危桥

海岛中出现三袋恐龙蛋，数量分别是43，19，38。

游戏规则：只有选中的两袋足够70个，才能顺利通过危桥，你能通过吗？请说明理由（见图19、图20）。

图19

图20

师：你们表现得太棒了！

评析：借助"互联网+技术"的交互性、实效性，让练习情境化，更具趣味性、立体化、高效性。本课继续营造小猪佩奇前往神秘海岛寻宝的情境，邀请学生前往，途中层次分明的、趣味十足的游戏隐藏在挑战卡中。情境化的游戏练习设计做到了虚实结合，线上与线下无缝衔接，每个知识点的突破巩固在情境中自然发生，思维也悄无声息地生长。

活动四：总结提升

师：今天跟随小猪佩奇一起历险，你们都学到什么了？

（四）课后反思

纵观全课，情境化教学贯穿课堂。课堂伊始的故事情境营造让学生"沉浸"的学习环境；探究环节以操作类的问题情境多维度培养学生的思维品质；练习环节的游戏情境激发学生的学习热情，让数学课堂充满生机与活力。

1. 故事情境，激发学习内驱动力

有趣的小猪佩奇动画故事引发学生不断思考问题，研究数学算理，能够形成教学亮点，为数学课堂启动注入新的动力；既增强学生进一步探究的学习动机，也强化学生对知识的深度理解，使非智力因素积极转化为智力因素。

2. 问题情境，渗透学科思维品质

借助故事情境，在探究算理的过程中，以游戏材料为载体，创设可操作的游戏活动，用大问题引领学生思考，每个大问题都承载着小问题，如"谁来估一下？""这里能往小估吗？""为什么38根和2根凑在一起？""为什么3捆和1捆合在一起，8根和7根合在一起？""你能把刚才摆小棒的过程用算式记录下来吗？""为什么相同数位对齐？跟摆小棒哪一步一样？""看到进位1，你想到计数器中的哪一步？"问题层层深入，让思维在探究中逐渐可视化，在探究过程中逐步提升，让学生逐步内化算理，思维环环相扣，无缝衔接。在追问中促进学生思考，让学生的思维不断迸发出新的思考。

3. 游戏情境，调动课堂积极因素

教师利用游戏进行调度，可以让学生都积极给予回应，参与到游戏互动中。一个"寻宝"游戏为课堂增添了无穷的乐趣。游戏"我说你拨"调动学生多种感官参与动手操作，既提高了学生的参与度，做到了及时反馈，又见证了学生对两位数加两位数进位加法算理的理解、强化、加深。"火眼金睛"更是利用线上抢答器技术，锻炼学生的反应能力，对算理、算法的熟练掌握程度更是一目了然：学生乐于参与，专注力、思考力高度聚焦，思维在瞬间一触即发。"过危桥"与前面"快节奏"的游戏形成鲜明对比，此时，学生在"慢"

中逐渐形成"脑中思"，内化算理、算法，分析问题、解决问题、提升思维能力。

　　游戏、故事、问题等都属于教学情境设计的重要选择，其助学效果显著。情境化教学营造出自由、快乐、幽默、富有创造性的课堂氛围，顺应学生的天性，寓教于乐，让不同的学生在情境中迸发思维的火花，以激发创造性思维的产生。学生以其积极向上的情感态度与价值观面对学习、参与课堂学习，以享受学习带来的获得感和成就感。

【一句话点评】

　　用游戏化思维重塑课堂教学，营造自由、快乐、幽默、创造性的课堂氛围，学生自然成为课堂的主人，以游戏方式参与课堂，以游戏方式进行表达，以游戏精神引领课堂教学，让数学思维看得见生长，让游戏化的计算课走向深刻。

推理解数独，闯关救唐僧

——"填数游戏"教学案例及评析

深圳市福田区百花小学　翁锦燕

【游戏介绍】

适合年级：一年级。
玩家人数：全班学生。
游戏时间：40分钟。

【游戏准备】

1		
	1	
	2	1

图1

5	1			3
1	3			4
4	2		1	5
2		4	3	1
3	4	1		2

图2

沙		马		猪
	孙		唐	
		沙	猪	马
马			孙	唐
孙	马			猪 沙

图3

【游戏目的】

以唐僧被数学王国国王关起来为背景，充分调动学生学习的积极性。只有填对三张填数表，点亮门上的三盏灯，才能解救唐僧，在此过程中，学生体会填数游戏的乐趣，初步提高学生的分析推理能力。

【游戏类型】

这是一节闯关游戏课，设置三个关卡（三张填数表），分别以个人、小组、班上男女生为单位进行挑战。

【游戏玩法】

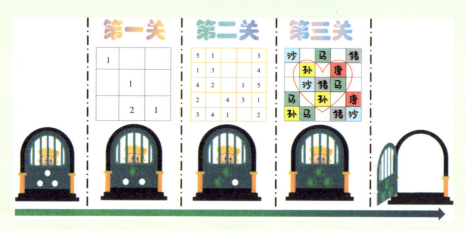

图4

1. 认识表格名称，掌握游戏规则

学生作为挑战者，先认识横行和竖行。第一关的游戏讲解以及八戒的误填，既能激发学生的学习兴趣，又能让学生深层次地了解规则，为接下来的填数打好基础。

2. 第一关

在掌握游戏规则的基础上，通过独立探究，学生尝试完成第一个表格。这一关着重让学生从只有一个空格的横行或竖行开始填数。

3. 第二关

在掌握从只有一个空格的横行或竖行开始填数的基础上，继续挑战第二关。这一关难度升级，由3×3表格变为5×5表格，每一行的空格数量都有所增加，先让学生猜一猜游戏规则，并在小组讨论、个别学生分享的过程中，掌握空格太多时，既要看横行，也要看竖行的方法。

4. 第三关

游戏难度继续升级，第三关是图形版的填数游戏，这是对前面所学知识的巩固和提升。通过有趣的人物形象，好玩的男女生PK赛，学生跃跃欲试，激起斗志，课堂氛围非常活跃。

【注意事项】

讲解游戏规则时强调清楚，空格中可以填哪些数字，每一横行或竖行的数字不能重复。填完必须检查。

【游戏教学实战】

（一）教学目标

（1）经历填数游戏活动，初步提高分析推理能力。

（2）在探索、尝试、交流等活动中，体会填数游戏的乐趣，激发学习兴趣。

（二）教学重难点

（1）教学重点：学会正确、合理地推理，能用完整、准确的语言表达自己的思维过程。

（2）教学难点：积累总结填数经验，掌握填数方法。

（三）课堂回放

师：同学们，你们看过《西游记》吗？

生：看过！

师：唐僧和他的徒弟们一路西行，这天来到数学王国，在徒弟们看数字宝宝玩填数游戏时，糟糕，师父又被抓走了。他们找啊找，终于找到了师父。这时，国王说："哈哈，你们要连过三关，点亮门上的三盏灯，门才会打开。"徒弟们非常着急，你们想不想帮帮他们？

生：想！

师：今天我们就来玩转填数游戏！（板书：填数游戏）

评析：抓住小学生喜欢玩游戏的特点，吸引学生的注意力，同时明确学习任务。

第一关

师：请看第一关，这里有个表格，请你们用手比画一下横行在哪里，竖行在哪里。

学生比画。

师：你们比画得真好！从上到下依次叫作第一横行、第二横行、第三横行；从左往右依次叫作第一竖行、第二竖行、第三竖行。

师：接下来，请听游戏规则（见图5）：

（1）每个空格中只能填1，2，3中的一个。

（2）每一横行、每一竖行的数字不能重复。

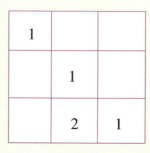

图5

听完游戏规则，你觉得填数时应该注意什么？

生1：空格中只能填1，2，3。

生2：每一横行、每一竖行的数字不能重复。

师：你读懂了游戏规则。

师：八戒说他也懂了，"我想在第一横行的第二个格子里填上4"，你们同意吗？

生：不同意！只能填1，2，3，不能填4。

师：真棒，你读懂了第一条规则！

师：八戒又说"不能填4，只能填1，2，3，那我填1"，你们同意吗？

生：重复了。

师：真棒，你读懂了第二条规则！

师：看来，八戒为了救师父，心急啦。你们比八戒细心，都能读懂规则。现在请你们拿出学习单，尝试着填一填吧。

师：活动时间到，这里有这么多空格，第一步填哪个空格？

生1：（第三横行）因为有1和2，缺3，所以这个空格填3。

生2：（第二竖行）因为有1和2，缺3，所以这个空格填3。

师：哪位同学注意到刚刚××同学观察的是哪一行？

师：这里填3，你们同意吗？

师：通过刚才的研究，第一步可以填第三横行的这一格，也可以填第二竖行的这一格，谁能来总结一下我们要从哪里开始填数？

生1：数字多的行。

生2：只有一个空格的行。

师：你们总结得真到位，你们带来了第一条锦囊妙计：从只有一个空格的横行或竖行开始填数。（板书）

师：剩下的空格抢答完成！看谁反应最快。

师：填完一定正确吗？还要做什么？

生：检查。

师：检查每一横行，检查完了？

生：还有竖行！

师：检查每一竖行，完全正确！恭喜你们点亮了门上第一盏灯。

评析：这一环节解决了本节课第一个难点：第一步填哪个空格？本课借助大量实物教具，让学生上来贴，并一边指一边说，在此过程中提升学生的分析推理能力。用方框贴出学生观察的行，让学生从视觉上发现先填的行都只有一个空格，启发学生自主总结出第一条锦囊妙计。

第二关

师：游戏难度升级，敢不敢继续挑战？

生：敢！

师：请睁大双眼观察这个表格（见图6），猜猜第二关的规则是什么？

生猜想规则。

师：恭喜你，猜对了，你可真是小小数学家啊！

师：第二关的规则和上一关一样，只是空格里可以填1，2，3，4，5中的一个，这么多格子，第一步填哪个空格？哪个空格一眼就能看出来填几？

5	1			3
1	3			4
4	2		1	5
2		4	3	1
3	4	1		2

图6

生1：有1，2，4，5，缺3，所以填3。

生2：有1，2，3，4，缺5，所以填5。

生3：有1，2，3，4，缺5，所以填5。

师：为什么这三个空格一眼就能看出来填几呢？

生：只有一个空格。

师：真厉害，你能活学活用，从只有一个空格的行开始填数。

师：空格太多的行应该怎么填呢？现在请你们4人小组合作试着填一填。

学生分享。

生1：有了1，3，5，缺2和4，第三竖行有4，所以填2。

生2：有了1，3，5，缺2和4，第四竖行有4，所以填2。

师：哪位同学注意到刚刚××同学观察的是哪一行？

师：这里填2，你们同意吗？

师：填上2可真不容易，只看一行能填出结果吗？

生：不能。

师：那要怎么看呢？

生：既要看横行，也要看竖行。

师小结：太棒了，你帮助我们得到了第二条锦囊妙计：空格太多的时候，既要看横行，也要看竖行。（板书）

师：剩下的格子填几呢？抢答完成。

师：填完还要检查。完全正确，恭喜你们点亮第二盏灯！

评析：这一环节解决了本节课第二个难点：空格太多怎么填？通过小组合作的方式，学生有充裕的时间各抒己见，在较难的问题中，再次提升分析推理能力。在教具的辅助下，学生得出结论：空格太多时，既要看横行，也要看竖行。

第三关

师：难度继续升级，你们还敢挑战吗？

生：敢！

师：国王居然把师徒五人的照片放到了表格中，游戏规则跟上一关一样，只是每个空格中只能填唐僧、孙悟空、猪八戒、沙和尚、白龙马中的一位（见图7）。

图7

师：这一关，需要你们团结一心才能完成。我们来一个男女生PK赛，上来的同学贴一个空格，贴完记得检查哦。给你们一点时间思考一下。

学生思考。

师：男生准备好了吗？女生准备好了吗？比赛开始！

师：比赛结束，男生和女生不相上下，几乎同时完成了表格，我们来检查一下是否正确。

师：我们班的男生和女生团结一心，共同完成了第三关，恭喜你们点亮第三盏灯，门开啦！他们终于可以继续前往西天取经啦！

评析：第三关是图形版的填数游戏，这是对前面所学知识的巩固和提升。有趣的人物形象、好玩的男女生PK赛，学生跃跃欲试，激起斗志，课堂氛围非常活跃。

游戏总结。

师：今天我们玩的填数游戏，还有另一个名字叫作数独。（板书：数独）数独的意思是"单独的数字"或"出现一次的数字"。在我国，有一个"九宫图"，是世界上有名的数学问题。感兴趣的同学，课后可以继续做更多的数独游戏。

（四）课后反思

1. 优点

（1）寓教学于故事：以学生耳熟能详的《西游记》作为素材，设计生动有趣、扣人心弦的故事情节，将知识点以讲故事的形式展现出来，让学生有更加深刻的印象，易于学生对知识点的长久记忆；故事通俗易懂，有利于学生对知识点的理解，有助于提高教学质量；设计国王、猪八戒等形象及配音在课堂中穿针引线、抛砖引玉，以新奇的方式引导学生思考问题，可以摆脱枯燥，有效地活跃课堂气氛。

（2）寓教学于游戏：游戏环节设计推陈出新，巧妙地将填数表中的数字替换成《西游记》中的人物，使需要填写的空格组成心形，引导学生团结一心完成解答，培养学生的合作能力。设置男女生分组PK，增加生生互动，运用一些竞技性、趣味性、对抗性的方式，调动学生的参与热情，激发学生的学习兴趣。最后成功引导男女生共同完成，避免造成性别冲突，回归和谐。

2. 缺点（需要改进和反思的）

（1）由于游戏环节比较有趣，学生参与热情高涨，容易导致课堂场面失控。

（2）第三关采用性别分组，容易导致性别对立，需引导男女生打成平局，和谐收尾。

（3）第三关图形版的填数游戏难度较大，面对不同层次的班级，答题时间可能相差较大，从而影响教学进度，容易出现下课还没做出或者做出时离下课还有一段时间的情况，需要教师有较强的控场能力。

【一句话点评】

本节课创造性地将故事与游戏融入课堂，让学生在学中玩，在玩中学，将枯燥无味的填数课变成精彩刺激的闯关游戏，激发了学生的学习兴趣，培养了学生的逻辑推理能力。

寻宝驱动，变教为学

——"数的认识复习课"教学案例及评析

深圳市福田区外国语学校南校区　江瑞芝

【游戏介绍】

适合年级：一年级。

玩家人数：不限。

游戏时间：40分钟。

【游戏准备】

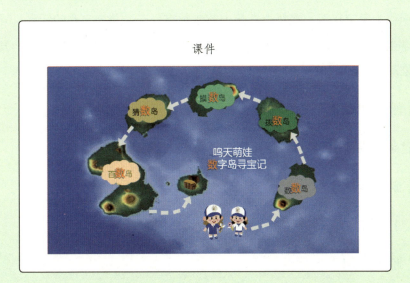

（a）

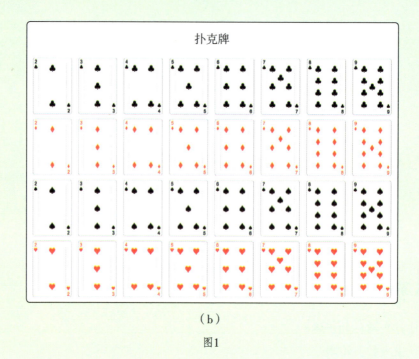

（b）

图1

【游戏目的】

设定数字岛寻宝情境，充分调动学生学习的积极性，挑战者将运用学过的知识作为集宝秘籍，在每个岛屿上收集数字贝壳，兑换宝藏的钥匙，开启宝藏。学生在生动有趣的复习活动中经历、体验、感受数学学习的乐趣，发展数感与推理能力。

【游戏类型】

这是一节复习游戏课，设置五个关卡，以班级为单位进行挑战。

【游戏玩法】

以扑克牌为例，为同桌两人准备扑克牌1~9的十二张牌。

【游戏规则】

扑克牌正面朝下摆放好，两人一组，每人摸两张牌，组成两位数，谁大就得到这四张扑克牌，如果大小相等，则两人平分牌数。摸牌结束，谁得到的牌多谁就赢。

【注意事项】

讲解游戏规则时强调清楚，必须是两张牌组成两位数，思考怎样让自己组成的两位数大。

【游戏教学实战】

（一）教学目标

（1）通过复习，会数、会读、会写100以内的数，能比较100以内数的大小，能表述百数表里的规律。

（2）经历整理的过程，形成完整的数的认识知识思维导图，沟通知识之间的联系，发展数感。

（3）通过游戏形式，充分调动学生的学习积极性，让学生在生动有趣的复习活动中经历、体验、感受数学学习的乐趣。

（二）教学重难点

熟练地数、读、写100以内的数，掌握数的组成、数的顺序，会比较数的大小。

（三）课堂回放

1. 创设情境，揭示课题

（1）激发学生寻宝兴趣。

师：同学们，今天这节课来了两位小朋友，我们学校的吉祥物——小鸣和小天，他们想邀请同学们到数字岛寻宝，这是寻宝图。我们学过的知识将作为集宝秘籍，在数数岛、拨数岛、摸数岛、猜数岛和百数岛收集数字贝壳，最终获得宝藏。想去吗？

生：想！

（2）揭示课题。

师：接下来我们就和小鸣、小天一起到数字岛寻宝吧！（见图2）

图2

评析：创设寻宝游戏模式，既能充分调动学生学习的积极性，又能将数的认识各知识点串联起来，增强整节课的整体性与连贯性。

2. 岛上寻宝，集数字贝壳

活动一：数数岛集14个数字贝壳

（1）复习数数。

小鸣：欢迎来到数数岛，快找找，有没有数字贝壳？哇！好多数字贝壳啊！赶紧去收集吧！（见图3）

图3

贝壳：等等，你们要估一估、数一数有多少个，再找出两个贝壳隐藏的数字，才给你们。

师：我们先估一估，可能有几个呢？

生：可能有十多个。

师：到底有几个？谁能上来数一数、圈一圈？

生上台边数边圈后说有14个。

师：你是怎么数的？怎么圈的？

生：一个一个数的，数到10，圈一圈。

师：在生活中，除了一个一个地数，还可以怎么数？

生1：两个两个地数。

生2：五个五个地数。

生3：还可以十个十个地数。

（2）评价小结。

师：非常棒！同学们都掌握了数数的方法（板书：数数），会根据需要一个一个地数、两个两个地数、五个五个地数、十个十个地数……

（3）练习巩固。

师：还有两个贝壳隐藏了数字，你能找出来吗（见图4）？

图4

贝壳1：我是数字几？20、15、10、（　　）。

生：我发现是五个五个倒着数，10后面一个数是5。

贝壳2：我是数字几？19、（　　）、25、28

生：我发现是三个三个顺着数，19加3是22。

师：太棒啦！隐藏的数字都被聪明的你们找出来啦！

小鸣：恭喜会数数的你们收集了14个数字贝壳。让我们继续前进，到下一个岛收集数字贝壳吧！

评析：数数岛是复习数的数法，会一个一个地数、两个两个地数、五个五个地数、十个十个地数……会顺着数，也会倒着数，学生轻松收集到数字贝壳，大大提高了兴趣与参与度。

活动二：拨数岛集1个数字贝壳

（1）复习数位顺序表。

小天：欢迎来到拨数岛！要想正确拨数，必须了解数位顺序哦！请问，在数位顺序表中，从右边起，第一位是什么位，第三位是什么位，十位在第几位？

生：第一位是个位，第三位是百位，十位在第二位。

（2）复习拨数、读数、写数和数的组成。

小天：真棒！请拿出我们的好朋友计数器和学习单。第一，在计数器上拨出23。它是由几个1和几个10组成的？

生：它是由3个1和2个10组成的。

小天：第二，用1颗算珠在这个计数器上拨数。写出拨的数是多少，读作什么。

生1：我拨的数是100，读作一百。

师：有不同的拨法吗？

生2：我拨的数是10，读作十。

生3：我拨的数是1，读作一。

师：这三个1表示的意思一样吗？

生：不一样，放在百位，表示1个100；放在十位，表示1个10；放在个位，表示1个1（见图5）。

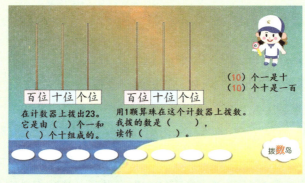

图5

师：那几个1是10？几个10是100？

生：10个1是10，10个10是100。

（3）评价小结。

小天：哈哈！太好啦！又收集了1个数字贝壳。

师：同学们，你们太棒啦！你们不仅能牢记数位顺序表，还能正确地读数、写数（板书：读数、写数），所以收获这一个数字贝壳。让我们继续前进，到下一个岛看看吧！

评析：拨数岛复习数的读法、写法和数的组成。先让学生回忆数位顺序表，再呈现计数器实物，最后在计数器上拨数、读数、写数，体会各数位上数字表示的意义。

活动三：摸数岛集万能卡牌

（1）复习两个数的大小比较。

小鸣：欢迎来到摸数岛，摸数岛上有很多扑克牌，想玩摸牌比大小的游戏吗？（见图6）

图6

生：想！

小鸣：那我要先了解你们是否会比较两个数的大小？你能举例说一说吗？

生说师板书。

小鸣：跟大家分享我的想法。我觉得要先看位数。位数多的数较大。

例如：100＞99（三位数大于两位数）

　　　10＞9（两位数大于一位数）

如果位数相同，就从高位比起。高位数字大的数较大。

例如：42＞39，因为高位是十位，十位上的4大于3。

你们赞同我的说法吗？

师：现在我们看看这个游戏怎么玩？

播放视频。

师：会玩了吗？给大家2分钟时间。开始！

师：刚才摸牌时，有同学说运气不好，摸到的都是小的数，那你觉得摸到什么才是运气好？

生：摸到大的数，这样组的数才大。

师：是的，摸牌看运气，组数看本领，你摸到牌后会怎么组数？

生：我会把大的数放在十位，把小的数放在个位。

（2）评价小结。

师：看来，你们都掌握了比大小的本领（板书：比大小）：先看高位，高位上的数大这个数就大。

小鸣：恭喜你们获得一张万能卡，有困难记得召唤万能卡哦！

评析：摸数岛复习数的大小比较，引入摸扑克牌游戏，增加了游戏的不确定性，激发了学生比较的欲望，引导学生探索组数的方法和比较的方法，发展学生的数感。万能卡的引入是为后面的活动做铺垫，万一学生猜不到数或者找数失败，可以召唤万能卡帮助，增加学习的趣味性。

活动四：猜数岛集1个数字贝壳

（1）复习数的相对大小关系。

小天：嗨，我已经准备了一个0～100的数字，你能猜出来吗？江老师会用以下词语给你提示：多得多、少得多、多一些、少一些、差不多。如果你觉得有困难，可以召唤万能卡哦！（见图7）

师：玩过这个游戏吗？你玩过，那你上来，我们带领大家先热身一下。看我写了一个数字（60），只有我们俩知道哦，其他同学来猜。

生：是100吗？

师：比100少得多。

生：是50吗？

师：比50多一些。

图7

生：是60吗？

师：恭喜！猜对啦！

师：想想，怎样猜数又快又准呢？

生：根据多得多、少得多、多一些、少一些，不断地缩小范围，最后在差不多的几个数字里猜。

师：现在，我们要正式猜数啦！准备好了吗？谁先猜？

学生猜数。

若学生不想猜数了，可以召唤万能卡，万能卡里写着：个位上的数字和十位上的数字一样，加起来刚好是10。

（2）评价小结。

小天：太棒啦！恭喜你们又收集1个数字贝壳。

师：看来，猜数是有技巧的（板书：猜数），要根据多得多、少得多、多一些、少一些的提示，不断地缩小范围，最后在差不多的几个数字里猜。剩下最后一个岛，我们赶紧去吧！

评析：猜数岛是复习数的相对大小关系，通过创设猜数游戏，让学生感受逐步逼近的数学思想，发展学生的推理能力和数感，让学生在游戏活动中学习，激发学生学习数学的兴趣。

活动五：百数岛获取宝藏钥匙

师：百数岛就是100个数字贝壳的家，这个家也是我们熟悉的百数表，你们还记得百数表的规律吗（见图8）？

图8

生1：横着看，相邻两个数右面的数比左面的数大1。

生2：竖着看，相邻两个数下面的数比上面的数大10。

生3：左斜着看，后一个数比前一个数多11。

生4：右斜着看，后一个数比前一个数多9。

师：现在我们把前面几个岛收集到的数字贝壳送到百数表上对应的家吧！

师：瞧！它们组成了一个什么图案？对，爱心（见图9）！听一听，它们在说什么？

图9

数字贝壳：你们都是有爱心的孩子！感谢你们送我们回家！还能帮我们找到有魔法的几个数字贝壳吗？找到了有惊喜哦！

师：快拿出学习单2，把贝壳隐藏的数字找出来，先自己找，再同桌交流，找出来的数字是否一样（见图10）？

图10

师：谁有把握上来讲一讲你是怎么找到这些数字的？

生上台边说边点击图片出示数字。

（四）评价小结

师：太厉害啦！隐藏的数字都被你们找到啦！刚才数字贝壳说有惊喜，看看是什么惊喜。这是什么？

生：钥匙！

师：恭喜会找数的你们获得宝箱的钥匙！（板书：找数）

评析： 百数岛既复习数的顺序，又是对学生整节课的评价。先是学生把前面活动获取的数字贝壳送回家，赢得爱心评价，进行德育教育；再根据百数表的规律找出贝壳隐藏的数字，获得开启宝箱的钥匙，充分调动学生的积极性与参与性，提高学生的成就感，锻炼学生的推理探究能力。

（五）情境总结，知识延伸

1. 首尾呼应，情境总结

师：快带上钥匙，去开启宝箱吧！

小鸣：恭喜你们获得宝藏！（见图11）

图11

2. 架构思维导图，完整呈现知识点

师：太棒啦！你们运用学过的知识寻到宝藏，一起看看这节课运用了哪些知识。（根据板书回顾知识点，见图12）

图12

师：这节课，你有什么收获？

3. 总结收获，知识延伸

师：对于100以内数的认识你还有什么想说的吗？还有什么想问的吗？

（六）课后反思

1. 优点

（1）情境营造：营造数字岛寻宝情境，调动学生的积极性。

（2）评价创新：学生赢得的数字贝壳先组成一个爱心图案，再组成宝箱钥匙，有创意。

（3）模式性强：今后的复习课都可以按照这个模式进行，只需要更改题目。

2. 缺点（需要改进和反思）

（1）数数岛获得比较多的数字贝壳，学生很兴奋，其他岛只获得一两个数字贝壳，学生有点失望，需研究如何保持有效的激励评价。

（2）数数岛和拨数岛的趣味性不强。

（3）层次感：复习课的设计能否更有层次一点，更综合一些，值得思考。

【一句话点评】

营造数字岛寻宝情境，运用学过的知识作为集宝秘籍，获取宝藏，充分调动学生的学习积极性，让学生在生动有趣的复习活动中经历、体验、感受数学学习的乐趣，发展学生的数感，锻炼学生的推理探究能力。

警探抓逃犯，复习百数表

——"捕数警探"教学案例及评析

深圳市福田区荔园小学　胥倩雯

【游戏介绍】

适合年级：一年级。

玩家人数：4~6人。

游戏时间：40分钟。

【游戏准备】

图1

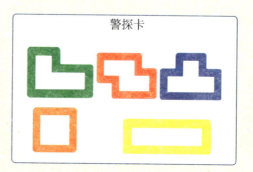

图2

图3

【游戏目的】

以"捕数警探"这个桌游设定警探抓捕逃犯的情境，充分调动学生学习的积极性。挑战者将在各个关卡的挑战中，通过不同的抓捕方法，提高动手操作能力和探究乐趣，发展推理能力。

【游戏类型】

这是一节桌游游戏课，设置五个关卡（五张通缉令），以小组为单位进行挑战，抓捕逃犯最多的警探小组将成为获胜小组。

【游戏玩法】

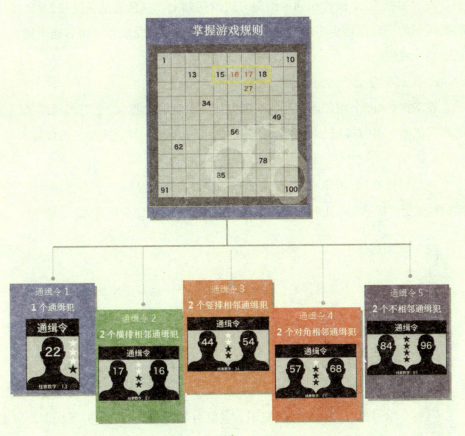

图4

1. 掌握游戏规则

营造游戏氛围，带入游戏角色，师生以警长和警探的身份进入游戏课堂，通过通缉令1的讲解，学生掌握游戏规则，并理解竞争机制，进行比赛。

2. 通缉令1：1个通缉犯

在掌握游戏规则的基础上，通过小组合作，尝试抓捕1个通缉犯的同时抓捕更多的逃犯。

3. 通缉令2：2个横排相邻通缉犯

在掌握抓捕1个通缉犯方法的基础上，通过老师的讲解，尝试在抓捕2个横排相邻通缉犯的同时抓捕更多的逃犯。由抓捕1个通缉犯变成同时抓捕2个，难度加大。

4. 通缉令3：2个竖排相邻通缉犯

在掌握抓捕2个横排相邻通缉犯方法的基础上，直接尝试在抓捕2个竖排相邻通缉犯的同时抓捕更多的逃犯。由横排相邻通缉犯变成竖排相邻通缉犯，灵活变通，熟练操作。

5. 通缉令4：2个对角相邻通缉犯

在掌握抓捕2个相邻通缉犯方法的基础上，尝试在抓捕2个对角相邻通缉犯的同时抓捕更多的逃犯。由同排相邻通缉犯变成对角相邻通缉犯，难度加大。

6. 通缉令5：2个不相邻通缉犯

在掌握抓捕2个相邻通缉犯方法的基础上，尝试在抓捕2个不相邻通缉犯的同时抓捕更多的逃犯。由相邻通缉犯变成不相邻通缉犯，难度更大，限制更多。

【注意事项】

讲解游戏规则时强调清楚，必须用警探卡框住指定通缉犯的同时，再尽可能多地抓捕逃犯。

【游戏教学实战】

（一）教学目标

（1）在学习过百数表的相关知识，了解百数表隐含的规律的基础上，以桌游的方式进一步巩固练习百数表的规律，即"百数表中横行左右相邻的数相差1，竖列上下相邻的数相差10"，通过已知数的位置探索未知数的位置。

（2）以"捕数警探"这个桌游设定警探抓捕逃犯的情境，充分调动学生学习的积极性。通过不同的抓捕方法，提高学生的动手操作能力，发展学生的推理能力。

（二）教学重难点

（1）通过捕数桌游，巩固练习百数表的规律。

（2）理解游戏规则，学会如何用警探卡抓捕尽可能多的数字逃犯。

（三）课堂回放

活动一：代入游戏角色，讲解游戏规则

1. 代入游戏角色

师：小朋友们！你们喜欢玩游戏吗？

生：喜欢。

师：那老师今天就带大家一起玩一个桌游——"捕数警探"。

师：我们这节课就一起过把瘾，老师当警长，小朋友们当小警探，我们一起来抓捕逃犯，期待吗？

生：期待。

师：让我们快速融入角色，我对你们说小警探们好，你们对我说警长好。我们一起来试一次。小警探们好！（敬礼）

生：警长好！（敬礼）

师：哎呀，警长遇到大麻烦了。快来看（看海报）我们警局的数字牢房里原本有100位数字犯人，按照百数表的规律排列在牢房表里，现在好多数字犯人都逃跑啦！小警探们能帮我把这些数字逃犯抓捕回来吗？（见图5）

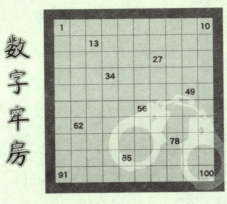

图5

生：能。

评析：营造抓捕逃犯的游戏氛围，师生分别进入游戏角色，以警长和警探的身份走进游戏课堂，使课堂丰富有趣，调动学生的积极性，使学生投入课堂。

2. 讲解游戏规则

师：警长给大家准备了抓捕工具警探卡（贴在黑板上），分别有五种颜色和样式的捕数卡，可以帮助大家抓捕逃犯。到底应该如何进行抓捕呢？警长先来示范一下。我现在发布第一道通缉令，抓捕逃犯22。22不在数字牢房里，它已经逃跑了，警长给你一个线索数字13，22隐匿在13的周围，我们可以根据13来找到22的位置。（找学生上台展示找22）我们找到了22所在的位置，然后选择其中一个警探卡，框住了22，即代表抓住了通缉犯。那同学们来看，框住的除了22，还有哪些隐藏起来的同犯呢？（见图6）

通缉令

通缉对象：22

线索数字：13

难度系数：★

可根据线索13
找到通缉犯22

1.找通缉犯
根据线索13和百数表的规律，找到通缉犯22的位置。
2.框警探卡
用警探卡框住通缉犯。用不同的警探卡和不同的摆法框住更多的同犯。
3.查明同犯
根据百数表规律查明框住同犯的身份数字。

图6

（选生回答，并提问原因，考查百数表的相关知识）

师：除了这种抓捕方法外，你能换一种摆法或者换一个警探卡（先用原来的警探卡换摆法，再用新的警探卡），抓捕到更多的逃犯吗？

（选2～3人上台展示）（示范违规情况：不框22的情况）

评析：通过发布第一道通缉令，讲解如何用警探卡抓捕通缉犯和逃犯，亲身示范，使学生在抓捕通缉犯的过程中掌握游戏规则。

活动二：发布通缉令，抓捕通缉犯，警探小组PK

师：警长再来强调一下抓捕步骤：①找通缉犯（合作商量，确定通缉犯的位置，写出来并圈起来）；②框警探卡（轮流进行）；③查同犯（写出来不用圈）。现在各位小警探清楚抓捕方法了吗？

生：清楚了！

师：我们一共分为12个警探小组，每组的小警探齐心协力抓逃犯，抓到最多逃犯的警探小组获得最终的胜利。有信心抓到更多的逃犯从而取得胜利吗？（有）当警长摇响铃铛时，就停止抓捕，并迅速坐端正。准备好了吗？

生：准备好了！

评析：强调抓捕步骤，使学生独立操作时分工有序，步骤分明。同时设立PK机制，以警探小组进行PK，抓捕逃犯多的小组获胜，激励学生用不同的警探卡和不同的摆放方法抓捕逃犯，锻炼学生的动手操作能力和推理探究能力。

活动三：抓捕逃犯，小组PK

1. 发布通缉令，抓捕通缉犯（见图7）

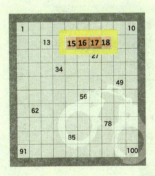

当通缉令上有2个通缉犯时，必须用警探卡同时框住2个通缉犯。

图7

师：此次通缉目标是22（见图8），抓捕行动现在开始！

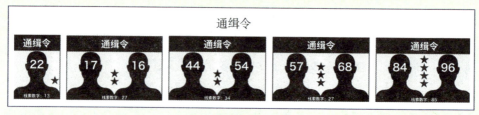

图8

确定汇报语言："报告警长（敬礼），我要用_____色捕数卡。"找生上台展示并采访。

师：小警探们太给力了，看来一次抓捕一个逃犯难不倒你们。现在，警长发布第二道通缉令，同时抓捕同一横排紧挨着的两个数字17和16。难度两颗星，可以根据线索数字27来找到通缉犯，并用捕数器同时框住这两个数字进行抓捕。小警探们，清楚了吗？

生：清楚了。

师：通缉目标是17和16，抓捕行动现在开始！

（重复以上步骤，抓捕剩下的3个通缉犯）

评析：通过设计不同的通缉令，增加游戏难度，闯关难度层层递进，由单个变成两个，由横排到竖排到斜着再到不相邻，具有思考性和挑战性。

2. 比对抓捕情况，分出胜负结果（见图9）

图9

师：小警探们都非常厉害，五张通缉令上的所有通缉犯已经抓捕完毕。现在警长给每组小警探们1分钟的时间去数一数本组抓到了多少个数字逃犯。现在开始。

师：小警探们真给力，帮助警长抓捕了所有的通缉犯，并同时抓到了很多同犯。那现在警长来比对一下，看看哪个警探小组抓捕的逃犯最多。

（通过比对抓捕情况，分出胜负，抓捕逃犯最多的警探小组获得胜利。确定获胜小组并奖励礼物）

师：小警探们这节课抓捕逃犯玩得过瘾吗？老师也很开心能和大家度过一节课的美好时光，可是到说再见的时候了，全体起立。小警探们再见（敬礼）［警长再见（敬礼）］，解散。

评析： 通过比对抓捕情况，分出胜负，使这节游戏课有始有终，具有竞技性。

（四）课后反思

1. 优点

（1）情境营造：营造警探抓犯人的情境，使学生投入课堂。

（2）浸入式学习：教师的语言魅力感染学生融入角色，投入学习。

（3）游戏新颖有创意：游戏设计新颖创新，可操作性强。

（4）教具制作精美：教具制作精美，具有吸引力，学具操作性强。

2. 缺点（需要改进和反思）

（1）目标定位：给学生以明确的目标定位，激励学生多抓捕逃犯。

（2）层次感：通缉令的设计是否能更有层次一点，值得思考。

（3）警探卡的使用是否需要策略。

（4）警探卡是否对学生思维有提升的作用。

（5）数的选择是否需要策略。

【一句话点评】

游戏的不确定性设计吸引学生参与其中，在抓捕逃犯的活动中，学生的数感、推理能力和空间观念都得到了提升，在完成任务的游戏情境中，学生合作、探究、不放弃的游戏精神也得到了培养。

在学中玩，在玩中悟

——"填数游戏"教学案例及评析

深圳市福田区新洲小学西校区　秦丹丽

【游戏介绍】

适合年级：一年级。

玩家人数：4~6人。

游戏时间：40分钟。

【游戏准备】

图1

图2

数字迷宫

29	31	30	35	36	40
28	🔥	30	37	34	39
27	26	31	32	🔥	38
27	🔥	24	🔥	36	39
21→	22	23	34	35	36
22	24	24	39	26	37

图3

【游戏目的】

以汪汪救援队这个情境设定搜救任务，解救咕咕鸡，充分调动学生学习的积极性。学生将在各个关卡的挑战中，在探究、尝试、交流等活动中，体会填数游戏的乐趣，激发学习兴趣，提高动手操作能力和探究乐趣，发展推理能力。

【游戏类型】

这是一节情境游戏课，设置四个关卡，以小组为单位进行挑战，获得徽章狗牌最多的小组将成为获胜小组。

【游戏玩法】

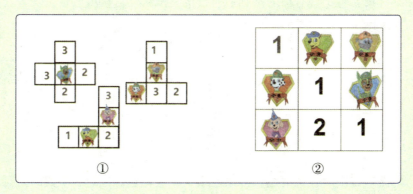

（a）

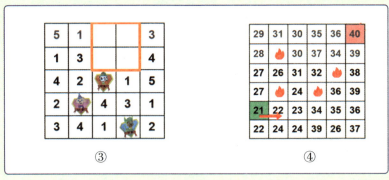

（b）

图4

1. 掌握游戏规则

营造游戏氛围，带入游戏角色，使学生掌握游戏规则，并理解竞争机制，进行比赛。

2. 任务卡1

在掌握游戏规则的基础上，通过小组合作，尝试第一种类型的宫格（横行和竖行交叉的宫格）的玩法。

3. 任务卡2

在掌握第一种类型宫格的基础上，通过教师的讲解，学生尝试完成第二个宫格（3×3宫格），难度加大。

4. 任务卡3

在掌握第二种类型宫格的基础上，直接尝试5×5宫格填数救援任务。灵活变通，熟练操作。

5. 任务卡4

在掌握填数游戏的基础上，尝试完成数字迷宫找到搜救通道，培养学生的数感，难度加大。

【注意事项】

讲解游戏规则时强调清楚，必须在用唯一法标记好先填哪个数的同时，尽可能多地完成其他空格。

【游戏教学实战】

（一）教学目标

（1）经历填数游戏活动，初步提高分析推理能力。

（2）在探究、尝试、交流等活动中，体会填数游戏的乐趣，激发学习兴趣。

（二）教学重难点

使用唯一法或排除法探索填数的方法。

（三）教学准备

（1）教具：希沃白板。

（2）学具：任务单（分别对应3×3、5×5、填数宫格）。

（四）课堂回放

环节一

1. 视频导入，明确规则

今天这节课，就让我们跟随莱德队长出发完成救援任务——填数游戏（课题）。

要成功解救咕咕鸡，需要救援装备，它们被藏在了一层层的宝箱里，我们要闯关拿到装备才能成功解锁救咕咕鸡，小朋友们，你们有信心吗？

2. 热身游戏

首先，狗狗们出发前要补充能量，请看"能量补充站"之火眼金睛（见图5）。

图5

太棒了，恭喜你们闯关成功，已经拥有特工狗狗的潜质。

莱德队长还要考查你们的侦察能力——漏数游戏（见图6、图7）。

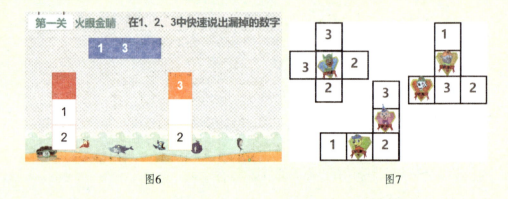

图6　　　　　　　　　　　　图7

游戏规则：

（1）只能填数字1，2，3中的一个。

（2）每一横行、每一竖行的数字都不能重复。

学生拍掌：以上宫格图按照由易到难的层次从不同方向飘出来，如果宫格中的数字填写正确，全体学生拍掌，填错则不拍。

认识行列：在解释、分析的时候，借助"箭头"横着看、竖着看，认识横行、竖行。

想玩游戏吗？刚才表现最出色的特工请出列，两人PK，判断玉米地的图形是否正确，其他特工当加油团。

现在汪汪救援队要穿越森林寻找咕咕鸡了，让我们出发吧！

环节二

1. 填数游戏（3×3宫格）（见图8）

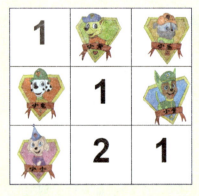

图8

想成功寻找小鸡，我们要先通过这一关。播放音频，想、说、做，找突破口，生填，汇报交流。

师：这幅图有五个空格，你想从哪里开始填？

学生操作：借助"箭头"在任务单上填数，再和同桌说一说。

分享反馈：学生上台一边填数，一边解释自己的想法。

师：你先填哪里？还有不同的填法吗？（用狗牌标记填数的第一个位置）

板书总结：我们可以从第二竖行第一格开始填，也可以从第三横行第一格开始填，都是先填只有一个空格的横行或者竖行。

师：恭喜大家，我们不仅解锁了一个宝箱，还收获了一种方法，从只有一个空格的横行或者竖行开始填。

2. 填数游戏（5×5宫格）

看来难不倒我们的小特工，现在加大难度了。播放音频，想、说、做，找突破口，生填，核对答案。

师：猜猜这一关的游戏规则是什么？（见图9）

5	1			3
1	3			4
4	2	🏴	1	5
2	🤡	4	3	1
3	4	1	🦇	2

图9

学生操作：独立完成任务单。

交流反馈：学生上台一边填数，一边解释自己的想法。

师：你先填哪里？为什么都选择先填这些空格？

生1：后面三行都已经有了四个数，比较好填。

生2：第三、四、五横行都只缺一个数。

师：剩下的四个空格要怎么填？

生3：第一横行可以填2，4或者4，2，但是如果填4，2，4会和第三竖行的4重复，所以只能填2，4，第二横行就是5，2。

生4：第三竖行可以填2，5，也可以填5，2，但是5和第一横行的5重复了，所以只能填2，5，第四竖行就是4，2。

板书总结：原来，填数字时不仅要看横行，还要看竖行。因为横行、竖行都不能出现重复。

环节三

应用方法，拓展延伸。

小朋友们，恭喜你们，离解救咕咕鸡仅一步之遥啦！请看，数字迷宫。（解读游戏规则）成功解锁的特工狗狗将获得我们的徽章，时间5分钟，开始吧！（见图10）

29	31	30	35	36	40
28	🔥	30	37	34	39
27	26	31	32	🔥	38
27	🔥	24	🔥	36	39
21	22	23	34	35	36
22	24	24	39	26	37

图10

数学文化：小朋友们，恭喜你们，终于帮市长夫人找到了咕咕鸡！那现在请莱德队长来比对一下，看看哪组获得的狗牌徽章最多。我们今天学的到底有什么作用呢？我们来看一看视频！

（通过比对小组情况，分出胜负，获得徽章最多的小组获得胜利。确定获胜小组并奖励礼物）（见图11）

师：小朋友们，这节课你们的救援任务完成得很出色，老师也很开心能和大家度过一节课的美好时光，可是到说再见的时候了，全体起立。再见（敬礼）［再见（敬礼）］，解散。

图11

评析：通过比对小组获得徽章情况，分出胜负，使这节游戏课有始有终，具有竞技性。

课外拓展

填数游戏发展到今天，就变成了当代的数独。

数独的填数规则如下。

（1）只能填数字1～9中的一个。

（2）每一横行、每一竖行、每一宫格的数字都不能重复。

除了基础数独之外，还有很多变形数独，如爱心数独、雪花数独。

（五）课后反思

1. 优点

（1）情境营造：营造特工狗狗完成救援任务的情境，使学生投入课堂。

（2）浸入式学习：教师的语言魅力感染学生融入角色，投入学习。

（3）游戏新颖有创意：游戏设计新颖创新，可操作性强。

（4）课件制作精美：课件制作精美，具有吸引力。

2. 缺点（需要改进和反思）

（1）目标定位：给学生以明确的目标定位，激励学生完成救援任务。

（2）层次感：救援任务关卡的设计能否更有层次一点，值得思考。

（3）狗牌徽章的使用是否需要策略。

（4）狗牌徽章是否对学生思维有提升作用。

（5）题目的选择是否需要策略。

【一句话点评】

　　游戏的情境设计吸引学生参与其中，在这样的救援任务层层闯关活动中，学生的数感、推理能力和空间观念都得到了提升，在完成任务的游戏情境中，学生合作、探究、不放弃的游戏精神也得到了培养。

开好数字火车，玩转逆向思维

——"乘法口诀整理与复习"教学案例及评析

深圳市福田区荔园外国语小学（天骄）　曾莹莹

【游戏介绍】

适合年级：二年级。

玩家人数：2~4人。

游戏时间：40分钟。

【游戏准备】

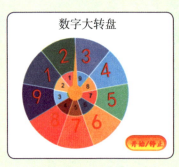

数字大转盘

图1

1~99数字卡片、表内乘法口诀卡片

| 17 | 19 | 24 | 31 | 62 | 8 | 5 | 36 |

一得一								
一二得二	二二得四							
一三得三	二三得六	三三得九						
一四得四	二四得八	三四十二	四四十六					
一五得五	二五一十	三五十五	四五二十	五五二十五				
一六得六	二六十二	三六十八	四六二十四	五六三十	六六三十六			
一七得七	二七十四	三七二十一	四七二十八	五七三十五	六七四十二	七七四十九		
一八得八	二八十六	三八二十四	四八三十二	五八四十	六八四十八	七八五十六	八八六十四	
一九得九	二九十八	三九二十七	四九三十六	五九四十五	六九五十四	七九六十三	八九七十二	九九八十一

图2

数字火车

图3

【游戏目的】

以数字游戏为主线，设定了数字大转盘、给数分分类、火车连连开的情境，充分调动学生学习的积极性。挑战者将在各个关卡的挑战中，通过不同的思维方式，寓教于乐，提高学生顺向及逆向思维能力以及学生学习数学的兴趣。

【游戏类型】

这是一节数字游戏课，设置三个关卡，以小组为单位进行挑战，用时最短、开的火车最长的小组将成为获胜小组。

【游戏玩法】

游戏1：数字大转盘

你转我说：
学生A：启动和停止转盘，指针分别指向两个数字。
学生B：快速说出转盘启动、停止数字组成的乘法口诀。

图4

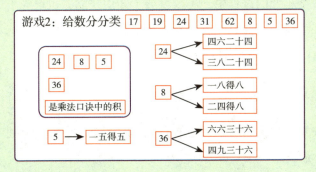

游戏2：给数分分类 17 19 24 31 62 8 5 36

24 8 5
36
是乘法口诀中的积

5 → 一五得五

24 → 四六二十四
四六二十四
三八二十四

8 → 一八得八
二四得八

36 → 六六三十六
四九三十六

图5

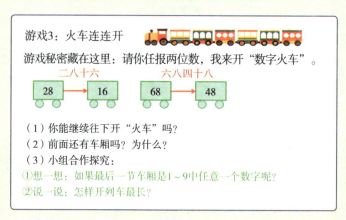

游戏3：火车连连开

游戏秘密藏在这里：请你任报两位数，我来开"数字火车"。

二八十六　　　六八四十八

28 → 16　　68 → 48

（1）你能继续往下开"火车"吗？
（2）前面还有车厢吗？为什么？
（3）小组合作探究：
①想一想：如果最后一节车厢是1~9中任意一个数字呢？
②说一说：怎样开列车最长？

图6

1. 掌握游戏规则

营造游戏氛围，带入游戏角色，通过游戏1、2的讲解，使学生既能根据乘法口诀求积，又能根据积找出对应的乘法口诀。在游戏3中，通过数字火车发现车厢的秘密，学生理解游戏规则，并理解合作探究内容，进行比赛。

2. 游戏1：数字大转盘

在掌握游戏规则的基础上，通过两人合作，快速复习乘法口诀。

3. 游戏2：给数分分类

在复习了乘法口诀的基础上，通过给数分类，发散学生的思维，同时让学生尝试通过积的逆向思维，思考相应的乘法口诀，难度加大。

4. 游戏3：火车连连开

通过数字火车情境的创设，学生发现数字车厢的秘密，理解游戏规则，在构造前、后数字车厢的过程中，不仅发展了知识技能，也培养了逆向、顺向的思维能力；在小组合作探究"怎样开列车最长"的过程中，锻炼了团队协作能力及表达能力。难度更大，思维更发散。

【注意事项】

讲解游戏规则时强调清楚，往前开火车时两个数字的数位顺序可以调换，尽可能使列车最长。

【游戏教学实战】

(一) 教学目标

（1）在学习过1～9的乘法口诀的相关知识、了解乘法口诀表排列规律的基础上，以数字游戏的方式进一步巩固练习表内乘法口诀，能运用口诀熟练计算，也在逆向构造"列车"时渗透了"因数分解"的思想。

（2）以数字游戏为主线，设定了数字大转盘、给数分分类、火车连连开的情境，充分调动了学生学习的积极性。通过不同的思维方式，寓教于乐，提高学生的顺向及逆向思维能力以及学生学习数学的兴趣。

(二) 教学重难点

（1）通过数字游戏，巩固练习表内乘法。

（2）理解游戏规则，学会如何构造数字列车使其尽可能长。

(三) 课堂回放

我会玩数字游戏。

师：小朋友们，你们喜欢玩游戏吗?

生：喜欢。

师：那老师今天就带大家一起玩三个数字游戏。期待吗?

生：期待。

游戏一：数字大转盘

师：让我们来看游戏1：数字大转盘（见图7）。谁来告诉大家游戏规则是什么呢?

图7

- 91 -

生：你转我说，就是由一个学生启动和停止转盘，指针分别指向两个数字；另一个学生快速说出转盘启动、停止数字组成的乘法口诀。

师：谁想来试试？（2人一组，选3组上台展示）

生：三九二十七、五七三十五、四八三十二……

师：同学们的思维真敏捷，很棒！我们轻轻松松地过了第一关。想挑战更高难度的游戏吗？

生：想。

评析：以数字大转盘作为热身游戏，使课堂热闹有趣，调动了学生的积极性，简单复习了表内乘法，师生进入游戏课堂。

游戏二：给数分分类

师：看第二个游戏——给数分分类：17，19，24，31，62，8，5，36。请你把这些数分分类，想一想可以怎么分呢？（见图8）

| 17 | 19 | 24 | 31 | 62 | 8 | 5 | 36 |

图8

生1：我可以按照单数和双数来分，因为17，19，31，5都是单数，是一类；剩下的24，62，8，36都是双数，是另一类。

师：你的分类方法真不错。除了这种按单、双数来分的方法之外，其他同学还有想补充的吗？

生2：我想补充，这里8和5都是一位数，所以我把它们分成一类，其他的17，19，24，31，62和36都是两位数，所以它们又是一类。

师：观察得很仔细，同学们真能干，能从不同的角度去思考！刚刚我们复习了乘法口诀，那我们还可以看看这些数中哪些是乘法口诀表中的积，哪些不是呢？一起分分类。

生：24，8，5，36就是乘法口诀表中的积，而17，19，31，62不是。

师：那我们就来想一想这些数是对应哪句口诀的积。

生1：24是四六二十四。

生2：还有，三八二十四。

师：补充得好！有些数是对应两句乘法口诀的。请继续。

生3：8是一八得八，二四得八。

生4：5只有一五得五。

生5：36是六六三十六，四九三十六。

师：同学们根据口诀的特点分类，又给了我们一个新的视角，让我们明白了观察角度和分类标准不同，数的分类也会不同。看，原来我们可以有这么多种分类的好方法。这个游戏好玩吗？

生：好玩。

评析：在复习乘法口诀的基础上，通过给数分类，发散了学生的思维，同时让学生尝试通过积的逆向思维思考相应的乘法口诀，难度加大。

游戏三：火车连连开

师：同学们，我们出行时可以乘汽车、坐飞机，还可以乘坐什么呢？

生：火车。

师：是的，我们的数字小火车来了，第三个游戏就是"火车连连开"（见图9）。

师：请你任报两位数，我来开"数字火车"。

生1：28。

师：28→16（板书，下同）。

生2：68。

师：68→48。

生3：49。

师：49→36。

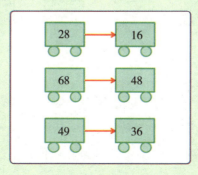

图9

师："数字车厢"有什么秘密？

生4：我发现这些数都是两位数。

师：如果接着开下去，还会是两位数吗？一定是两位数吗？（这个问题我们后面来揭晓答案）

生5：前后两个数有联系，后面的数是通过前面的两位数中的两个数字相乘得到的。

师：其他同学同意吗？我们一起来看一看。比如第一辆小火车：二八十六，所以前面写28，后面写16。第二辆小火车用到的口诀是六八四十八，前面写68，后面写48。第三辆小火车是四九三十六。还真是，看来这是一辆口诀小火车！

评析：通过数字火车情境的创设，学生发现数字车厢的秘密，理解游戏规则前后车厢的数字是通过乘法口诀联系的，后面的数字车厢是通过前面的两位数中的两个数字相乘得到的。

1. 你能继续往下开"火车"吗

师：根据我们发现的规律，你能继续往下开"火车"吗？

生：能！（请3位学生汇报）（见图10）

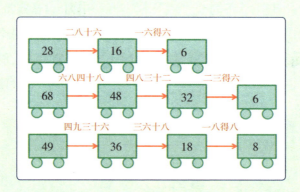

图10

师：现在我们能回答这个问题了吗？（如果接着开下去，还会是两位数吗？一定是两位数吗？）

生：不一定是两位数，开到一位数的时候就停止了。

评析：在构造后面的数字列车时，熟练运用游戏规则，培养顺向思维能力。

2. 前面还有车厢吗？为什么（见图11）

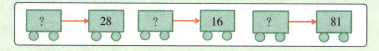

图11

师：前面还有车厢吗？请你在学习单上填一填。

（展示3～5位学生作品）

师：这位同学做得好不好？你有什么想说的？（见图12）

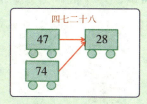

图12

生1：我们要反着想乘法口诀，谁乘谁是28。

生2：还有，四七二十八的口诀可以用数字47，也可以用数字74。

师：你们的表达能力真棒！同学们应当向你们学习。

（重复以上步骤，将数字车厢16和81往前构造）

评析： 通过设计不同的数字车厢，增加游戏难度，由顺向构造变逆向构造，具有思考性和挑战性。

3. 小组合作探究（见图13）

①想一想：如果最后一节车厢是1～9中任意一个数字，如何构造？
②说一说：怎样开列车最长？

图13

师：请同学们4人一小组，合作探究：如果最后一节车厢是1～9中任意一个数字，如何构造？怎样开列车最长？把你们的成果写在学习单上，现在开始。

师：看来你们都是小小火车工程师，老师为你们点赞！（展示部分小组成果）

师：哪个小组想跟大家分享一下：怎样开列车最长？

生：要想加出更多的车厢，往前面推一次的数最好都是我们口诀中的数。比如，8前面是18（一八得八），18前面是36（三六十八），36前面是49（四九三十六），49前面是77（七七四十九），这样列车就有5节车厢（见图14）。

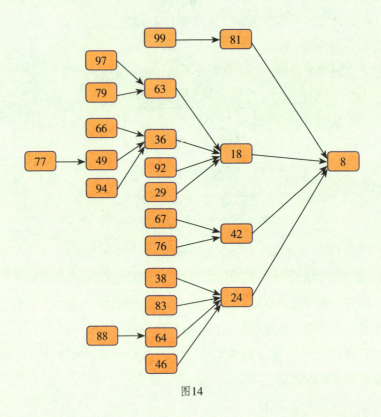

图14

师：说得真不错！同学们，"火车连连开"是一个很好玩的游戏，其实我们每个人的一生也是一辆列车，希望同学们能用知识把它装满，用它来解决生活中的问题。

（通过对比火车构造情况，分出胜负，列车最长、速度最快的小组获得胜利并奖励礼物）

今天这节课我们就先上到这里，同学们再见！

评析：通过小组合作构造所有符合规则的数字列车，使学生的知识体系完整，思维得到系统化的锻炼，在探究"怎样开列车最长"的过程中，锻炼他们的团队协作能力及表达能力。难度更大，思维更发散。

（四）课后反思

1. 优点

（1）情境营造：以数字游戏为主线，设定了数字大转盘、给数分分类、火车连连开的情境，生动有趣，能调动学生的积极性。

（2）浸入式学习：教师的语言魅力感染学生融入角色，投入学习。

（3）游戏新颖有层次：游戏设计新颖，三个游戏由易到难，从正向思维到逆向思维，层层递进，可操作性强。

2. 缺点（需要改进和反思）

（1）数的选择是否需要策略。

（2）在游戏2中是否顺势提出：在表内乘法中，找到积相同、口诀不同的所有算式。

（3）游戏之后是否增加"我会解决实际问题"环节来加以巩固。

【一句话点评】

游戏的不确定性、层次性设计大大提高了学生的学习兴趣和积极性，在这样的数字系列游戏中，学生的数感、推理能力和思维能力都得到了提升，在完成任务的游戏情境中，学生探究、合作、不放弃的游戏精神也得到了培养。

玩卡牌游戏，认识人民币
——"看谁出得对"教学案例及评析

深圳市荔园外国语教育集团荔园外国语小学　刘　敏

【游戏介绍】

适合年级：二年级。

玩家人数：3人。

游戏时间：5分钟。

【游戏准备】

图1

图2

数字卡牌两套（每套9张）

图3

【游戏目的】

以"看谁出得对"这个桌游设定购物付钱问题，让游戏者利用手中的人民币卡牌思考多种付钱方式。通过游戏，学生了解到付钱方法的多样性，同时充分调动了学习的积极性。

【游戏类型】

卡牌桌游。

【游戏玩法】

（1）3人一组，其中一人为组长，负责出示问题卡牌和判断胜负，另外两人为游戏者，每人一套人民币卡牌（6张）和一套数字卡牌（9张），组长出示问题卡牌，游戏者用剪刀石头布决定先出牌的人。

（2）游戏者根据问题卡牌把付钱方法用手中的人民币卡牌和数字卡牌一起表示出来，同一个问题每次的出牌方式要求不同。

（3）以此类推，5分钟后游戏结束，谁手上的卡牌少谁就是赢家。

【游戏教学实战】

（一）教学目标

（1）结合具体的购物情境，认识小面额人民币，知道1元=10角，1角=10分。

（2）经历购物过程，感受1元的实际价值，并会进行简单计算，积累购物经验。

（3）了解人民币与日常生活的密切联系，感受人民币的实用价值，懂得爱护人民币。

（二）教学重难点

（1）教学重点：认识常用的面额较小的人民币，了解并掌握元、角、分之间的关系。

（2）教学难点：正确使用人民币及准确进行元、角、分之间的换算。

（三）课堂回放

1. 创设情境，引出课题

谈话交流：

师：同学们，你们看看今天谁来到了我们的课堂？（课件出示卡通人物图图）

生：图图。

师：对了，大耳朵图图已经长大了，他马上就要上小学了，所以他需要到文具店去购买文具为上学做准备。请看。［屏幕出现图图的独白：我的妈妈给了我这些（出示人民币），小朋友，你们知道这是什么吗？］

生：钱。

师：你们真聪明，是的，图图妈妈给他的这些就是我们平时用于购物的钱，而且世界上的钱有很多种，我们国家使用的钱叫作人民币。（揭示课题）这节课我们就来认识一些小面额的人民币，并学习怎样使用人民币。

（板书：图图买文具）

2. 自主探索，合作学习

（1）初步认识人民币。

屏幕出示图图独白：妈妈给了我一些人民币让我去买文具，可是我不认识这些人民币，没有办法使用呀！小朋友们能帮帮我吗？

①（课件出示不同小面额的人民币）谁能说出这些人民币的面值是多少，并说出你是怎么知道的。（请学生到讲台上指着屏幕出示的人民币说一说）

预设学生可能出现以下回答：

生1：我看到这些钱上面都写了数字，（指着人民币上的数字说）这是5元，这是2元，这是1元，这是5角……

师：（指着5元和5角）这两张人民币上都是数字5，为什么你说这是5元，这是5角呢？

生1：因为上面有写（指着人民币说）。

师：你观察得真仔细，你们能用这样的方法把学具里的人民币同桌之间互相说一说它们的面值吗？（学生拿出各自学具里的人民币进行交流，认识不同面值的人民币）

师小结：我们想快速知道人民币的面值时，可以根据人民币上的数字字样来认识，这是最简单也最有效的一种办法。

②练习：游戏人民币配对（见图4）。（希沃白板自带课堂活动）

图4

评析：认识人民币，需要抓住两个要素，即单位和数值。学生自己观察交流能更好地理解如何认识人民币，再通过人民币配对游戏进一步加深对人民币的认识。

（2）简单分类，了解人民币的单位。

师：你们刚才已经教会图图认识人民币了，这时图图觉得这些人民币比较凌乱，你们能想办法帮图图整理好吗？

①同桌研究，怎样给这些人民币分类，按照什么来分类，教师巡视。

②分好后，请两位学生到黑板上进行分类，教师结合黑板上的分法进行小结。

师小结：人民币的分类有两种方法：一种是按照材料不同分，分成硬币和纸币两类；另一种是按照"元、角、分"进行分类，而元、角、分就是人民币的单位（见图5）。

图5

评析：通过分类这一环节，学生认识人民币的单位是元、角、分。

（3）探究付款方式，了解元、角、分的关系。

图图独白：小朋友们，谢谢你们教会我认识人民币，还帮我分类整理好，现在我要去买文具了。我要买一支钢笔，应该怎么付钱呢？

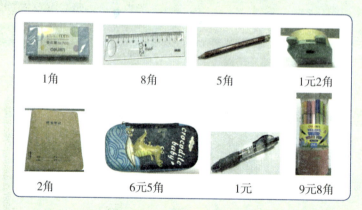

图6

师：看来图图又遇到难题了，小朋友们请帮图图想想买一支钢笔应该怎么付钱，并用你手上的人民币把你的付钱方式摆出来。

学生摆出的付款方式预设如下。

方法一：直接付1张1元的纸币。

方法二：直接付1枚1元的硬币。

方法三：1张5角纸币和1枚5角硬币。

方法四：1张5角纸币和5张1角纸币。

……

师：买一支钢笔需要1元，1元除了可以直接付1元纸币和1元硬币外，同学们还想出了这么多的付款方式。（把这些付款方式摆在黑板上）你们发现这些付款方式都有什么共同点吗？（这些方式合起来都是10角）

师：原来1元还可以用10角代替，那么我们可以得出元与角的关系：1元=10角（学生齐读）。既然1元=10角，那你们能猜一猜角和分又有什么关系吗？

生：1角=10分。

师：哇，你猜的跟老师猜的是一样的。是的，1角就等于10分。（板书：1角=10分，学生齐读）

评析：通过不同的付钱方式，让学生知道付钱的多样性，同时引发学生思考，理解元角分单位之间的关系。

（4）模拟购物，学会找钱和买东西。

（真实开展购物活动，充分激发学生的积极性）

①学习找钱。

师：有了刚刚的购物经验，图图现在用1元购买了一把尺子，应找回多少钱？（学生在课堂练习本上写出找钱的经过）

②1元钱可以买什么？

图图独白：小朋友，我现在只想用1元钱买文具，正好可以买哪些呢？

师：请你们给图图出个主意，用这1元钱正好可以买哪些文具。与同桌商量一下，然后把你想买的东西在记录纸上打钩，并说说为什么这样买。

师小结：同学们真棒，不但会购买物品，还知道怎么找钱了，希望你们以后要养成节约的好习惯，因为即使是小小的1元钱，也能买到很多东西。图图非常感谢小朋友们今天对他的帮助，为了感谢大家的帮助，图图带来了一个有关人民币的游戏，想玩吗？

评析：购物情境的模拟，是生活中真实的问题，也是充满数学思考的题目。1元钱可以买哪些文具？提出这个问题，鼓励学生从不同角度解决问题。

3. 玩游戏，巩固知识

屏幕出示游戏规则（视频展示）。

（1）3人一组，其中一人为组长，负责出示问题卡牌和判断胜负，另外两人为游戏者，每人一套人民币卡牌（6张）和一套数字卡牌（9张），组长出示问题卡牌，游戏者用剪刀石头布决定先出牌的人。

（2）游戏者根据问题卡牌把付钱方法用手中的人民币卡牌和数字卡牌一起表示出来，同一个问题每次的出牌方式要求不同。

（3）以此类推，5分钟后游戏结束，谁手上的卡牌少谁就是赢家。

评析：本游戏把人民币的换币、计币融合在一起，既有趣味性，又让学生在"玩"的过程中感悟了"算"。

4. 小结回顾

师：同学们，今天我们认识了人民币，你们还想知道更多的人民币知识吗？老师给你们带来了一段视频（播放有关古代钱币文化）。

师：同学们，人民币是我国的法定钱币，我们要爱护人民币，不能撕毁、涂画人民币，还要学会正确合理地使用人民币，养成勤俭节约的好习惯。

评析：在课的最后通过视频介绍，让学生了解更多有关人民币的课外知识。

（四）课后反思

1. 优点

（1）整节课条理明晰，从认、分、付、找、买、玩六个环节，让学生层层递进地认识人民币。

（2）情境的创设让学生能代入角色学习。

（3）用游戏代替枯燥的练习，让学生在玩中学、学中玩，同时更能调动学生的积极性。

2. 缺点（需要改进和反思）

（1）1角=10分这一关系的引导不够明确。

（2）学习找钱的环节不够详细。

【一句话点评】

游戏的融入把课堂和枯燥的练习变得更生动，学生的积极性大大提高，做到了玩中学、学中玩。

缤纷数字棋，提升思维力

——"数字宾果棋"教学案例及评析

深圳市福国区荔园外国语小学（香蜜湖）　袁秀梅

【游戏介绍】

适合年级：二年级。

玩家人数：2~4人。

游戏时间：40分钟。

【游戏准备】

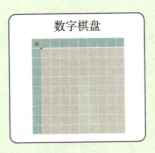

图1

图2

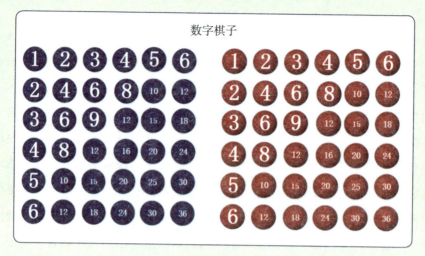

图3

【游戏类型】

这是一节棋牌类游戏课，设置了三个游戏环节，依次增加难度，两人博弈进行挑战，培养学生的思维力。

【游戏目的】

此游戏主要让学生在活动过程中巩固练习加、减、乘、除运算，提高学生的运算能力，同时运用知识解决问题，提升思维力。游戏内容和规则灵活，有多种不同的玩法，学生在游戏过程中可以变换游戏内容，制定不同的游戏规则，多人一起游戏更有趣。

【游戏教学实战】

（一）教学目标

（1）整理与复习乘法口诀，通过数字棋游戏，进一步巩固乘法口诀。

（2）通过游戏，学生体会数学学习的乐趣，培养解决问题的能力和思维能力。

（二）教学重难点

（1）通过棋牌游戏，巩固乘法口诀。

（2）理解游戏规则，运用知识成功取胜。

（三）课堂回放

师：同学们喜欢玩游戏吗？

生：喜欢！

师：今天为大家介绍一款数学游戏，一起来看看。

活动一：数字宾果棋

介绍游戏玩法。

师：这款游戏叫数字宾果棋，具体怎么玩呢？

左上角有一个乘号（见图4），在第一行和第一列分别放1～9中任意三个数字（见图5），利用乘法口诀，将行和列的数字相乘的得数填入对应空格内（见图6）。可以增加难度，第一行和第一列的数字打乱顺序，看谁算得又快又对，敢不敢挑战？

图4　　　　　　　　图5　　　　　　　　图6

挑战赛1——数字宾果棋

游戏规则：

（1）玩家为对方出题，在1～9中任意选三个数字，摆在第一行和第一列，可以打乱数字顺序。

（2）计时开始，玩家根据乘法口诀计算，将行列两个数字乘得的结果棋子放在对应空格内。

（3）相同时间内，做正确多者获胜；如全都做对，用时少者获胜。

学生活动，同桌PK。

评析：本轮游戏简单易操作，主要复习乘法口诀，让学生在两人PK赛中提

高记忆速度，在游戏中巩固知识。

活动二：宾果"大胃王"

师：刚刚我们做了热身活动，复习运用表内乘法口诀，现在游戏升级，难度增加，有信心吗？

生：有！

师：一起看看游戏玩法。（播放游戏玩法视频）

介绍游戏玩法。

师：首先第一列和第一行需要摆好数字牌，数字牌打乱顺序。本轮游戏叫宾果"大胃王"，数字卡牌一次可以"吃"1～3个数字棋，一次最多只能"吃"3颗棋子。如何才能成功"吃"到棋子呢？例如，翻开的数字卡牌是10，剪刀石头布决定先手玩家，如果是红方先，可以把数字1选择放在"一一得一"的位置，那另一个可以放在哪里呢？（见图7）

生：1+9=10，所以另一颗数字棋是9，放在"三三得九"的位置，这样红方成功吃到2颗棋子，将其反面朝上占位，这样就可以成功吃到2颗棋子了（见图7、图8）。

图7

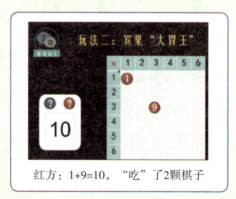

红方：1+9=10，"吃"了2颗棋子

图8

师：是的。一次可以吃2颗棋子，也可以是三个数字的和是10，还可以是一个得数为10的数字，只是一个数字就吃得少了（见图9、图10）。

师：游戏过程中需要注意什么？

生1：尽量多吃，选择3颗棋子。

生2：不要算错，不然就把出棋的权力给对方了，那样就很容易输了。

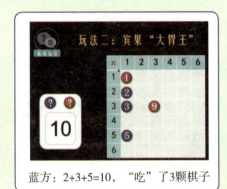

蓝方：2+3+5=10，"吃"了3颗棋子

图9

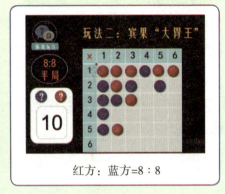

红方：蓝方=8：8

图10

评析：在数棋"大胃王"游戏中，学生运用乘法口诀计算，同时还要正确计算出得数相加的和是10。在表内乘法上又增加了加法，加大了运算难度，目的是通过游戏提高学生的混合计算能力，同时考查学生解决问题的策略。

挑战赛2——宾果"大胃王"

游戏规则：

（1）玩家将1~9的数字摆第一列或第一行乘数，可打乱顺序。每次翻开一张数字卡牌，如卡牌20。

（2）剪刀石头布决定先手玩家，计算正确，出棋子，并把棋子反面朝上占位，一次最多可吃3颗棋子；计算错误则撤回棋子，轮到对方出棋。

（3）没有可"吃"的棋子，游戏结束，吃棋子数量多的一方获胜。

学生分组游戏。

活动三：数字五子棋

介绍游戏玩法。

师：五子棋大家都玩过，今天我们玩个不一样的五子棋——数字五子棋。和传统的五子棋不同的是，我们在出棋时不仅要考虑棋子放在哪个位置能赢，还要正确计算该位置的得数是多少。相信你们一定可以的，快来挑战吧。

挑战赛3——数字五子棋

游戏规则：

（1）玩家双方分别摆好第一行和第一列数字牌，可打乱顺序。

（2）剪刀石头布决定哪方先出。对应位置算对才可以出棋，算错撤回棋子轮到对方出棋。

（3）哪方最先在棋盘横向、竖向、斜向形成连续的相同色5颗棋子即为胜。

只有计算正确才可以出棋，所以同学们要加油哦！

两人对弈活动。

评析： 传统的五子棋游戏深受学生的喜爱。学生在下五子棋时要观察多个方向的棋子走向，思考每下一颗棋子的多种可能性，发展思维。本环节游戏把乘法口诀和五子棋进行融合，既巩固了数学知识，又发展了学生的多项思维能力，有效地培养了学生良好的数学思维习惯。

（四）课堂小结

师：很多同学在游戏过程中多次胜出，说说你的游戏秘诀吧！

学生分享。

师：原来数学也可以如此好玩，想取胜也需要策略。希望同学们在以后的学习、生活中爱上有趣的数学。

（五）课后反思

1. 优点

（1）玩法灵活：数字宾果棋可以根据学生学习的不同内容，制定不同的游戏规则，适用于加、减、乘、除运算，提高学生计算能力。

（2）体验式学习：学生在游戏中通过正确表达，争取获胜机会，寓教于乐。

（3）竞争机制激发学习内驱力：游戏玩法简单易操作，学生在竞争过程中主动复习知识。

（4）游戏节奏动静结合：数字宾果棋紧张刺激，数字五子棋则需沉着冷静思考。

2. 缺点（需要改进和思考）

（1）游戏活动简单直接，目标明确，是否需要情境角色代入。

（2）宾果"大胃王"游戏公平机制有待推敲。

（3）玩家在摆放数字牌时是否需要策略。

【一句话点评】

游戏的竞争机制激发了学生学习的兴趣。通过棋牌游戏活动提高学生的计算能力，提升学生解决问题的能力，发展学生的数学思维。

以玩促思，以思促学
——"十面埋伏"教学案例及评析

深圳市福田区东海实验小学　李晓倩

【游戏介绍】

适合年级：二年级。

玩家人数：1人。

游戏时间：3分钟。

【游戏准备】

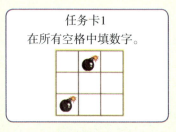

任务卡1
在所有空格中填数字。

图1

任务卡2

　　下面雷区中，空格里可能有炸弹，请根据格子中的数字找出炸弹的位置。用○表示炸弹，用×表示安全。

图2

【游戏目的】

很多小学生玩这款游戏，只是站在玩的角度，不知道扫雷游戏和数学有着紧密的联系，考量的是玩者的逻辑思维。

趣味扫雷课程就是让学生了解扫雷中的可能性；初步掌握扫雷中的数学方法（直接法、假设法）；初步感受数对确定位置的作用以及平均数在比较中的作用。通过课堂上老师讲解引导，师生探究，善于观察，小组合作，师生讨论，用旧知来解决新问题，让学生体会到数学是一种工具，在我们的生活中无处不在；体会发现问题、思考问题、解决问题的探究精神。

【游戏类型】

这是一节扫雷游戏课，设置四个关卡，独立挑战，根据格子中的数字，把所有的地雷都找到，就成功过关了。

【游戏玩法】

1. 故事背景

营造游戏氛围，带入游戏角色，以《十面埋伏》为故事背景，以韩信为首的汉军攻打楚军，让学生以韩信的身份进入游戏课堂。

2. 掌握包围的概念

把军队转化为格子方阵，红色格子是楚军，通过对三种军事战略图的分析，独立思考"要包围红格，需要占领哪些格子"。全班交流探索，发现包围红格不仅要"与红格共边"，还要"与红格共点"，并借助反例进行对照分析，对知识点掌握得更加扎实，深刻理解"包围"的内涵。

3. 通过炸弹找数字

在学生掌握"包围"概念的基础上，先让学生理解数字和炸弹之间的关系，可以通过军事战略图中的炸弹确定一个空白格子中间的数字，继而确定多个空白格子中间的数字。

4. 通过数字找炸弹

在熟练掌握利用炸弹找数字的方法后，在老师的帮助下，学生尝试分析利用数字找炸弹位置的方法：先确定突破口，根据能确定的信息和辨别共享炸弹，确定所有炸弹的位置。

【游戏教学实战】

（一）教学目标

（1）使学生了解扫雷游戏的基本规则，通过典型素材，感受分析问题过程，掌握扫雷游戏的一些基本技巧。

（2）根据格子中的数字，在分析周边格子地雷情况的过程中，培养学生综合多个条件分析的能力。

（3）积极参与数学活动，寻找最佳切入口进行分析，清晰表达自己的想法，体验数学分析的作用，获得成功的乐趣。

（二）教学重难点

（1）了解扫雷游戏的基本规则，通过典型素材，感受分析问题的过程，掌握扫雷游戏的一些基本技巧。

（2）根据格子中的数字，在分析周边格子地雷情况的过程中，培养学生综合多个条件分析的能力。

（三）课堂回放

1. 创设情境，激发兴趣

秦朝末年，楚汉争霸天下。战争持续了多年，楚霸王项羽的领地越来越少，汉王刘邦乘胜追击，派韩信挂帅，率70万大军追剿项羽。韩信设下了十面埋伏之计。

师：此时的你将化身为韩信，有信心完成任务吗？

评析：苏霍姆林斯基曾说："若是教师不采取合理的手段让学生形成高昂的情绪和振奋的状态，那么急于传授知识只会造成适得其反的效果。"创设有趣的故事情境就是让学生情绪高涨的方法之一。成功的情境导入能指引学生的思维方向，为整堂课的教学打下良好的基础。

2. 包围楚军

师：把军队转化为格子方阵。

画外音：对红色格子十面埋伏，你需要占领哪些格子？

师：包围空格需要占领哪些？（理解一个格子需要哪些格子来包围）
（见图3）。

红	B	C
D	E	F
G	H	I

A	B	C
红	E	F
G	H	I

A	B	C
D	红	F
G	H	I

图3

生：B，D，E。

师：同意吗？

生：同意。

师：真是太棒了，这样就是包围，这种情形呢？怎么包围？

生：包围A，B，E，H，G。

师：你可以说一下理由吗？

生：太远了，无法远距离进攻。

师：最后这种情形呢？

生：全部包围。

师：你们已经掌握了三种军事战略图。

师：比较一下，怎样才算包围红格？

生：紧紧贴在一起，有接触紧紧包住，全部围起来。

师：你们说得太好了，像这样的两个格子有共同的边，叫作共边。

师：这两个格子之间也有……

生：共边。

师：这两个格子呢？

生：它们有共同的点。

师：它们有……

生：共边、共点。

师：原来与红格有共边，与红格有共点的格子就是包围。

师：如果没有共同的边和点呢？像这个格子还能包围红格吗？

生：就不是包围了。

师：任务来了，请看游戏规则自己读一读。

生读。

师：关键信息是什么？

生：全部包围。

师：谁来？

生：两人进行PK赛。

师：获胜的秘诀是什么？

师：你们说得太好了，原来包围红格就是找到与红格共边、共点的格子，也就是有接触的格子。

评析：通过让学生观察表格，独立思考"要包围红格，需要占领哪些格子"。全班交流探索，发现包围红格的方法，从而引出"共边"和"共点"的概念，利用这两个概念加强学生对"包围红格"的理解，并提出"如果与红格没有共边，也没有共点，还算包围红格吗"，借助反例进行对照分析，使学生对知识点掌握得更加扎实，深刻理解"包围"的内涵。

3. 数字和炸弹

（1）理解数字和炸弹之间的联系。

师：韩信不仅是一个军事家，还是一个数学家。

画外音：观察雷区与数字有什么联系。

生：2表示在2的周围有2个炸弹。

师：2的周围有几个空格，其中有几个炸弹。

生：2表示在2的周围的8个格子中有2个格子有炸弹。

生：3表示在3的周围的8个格子中有3个格子有炸弹。

师：那明明有2个炸弹，为什么数字是0？

生：0的周围没有炸弹。

师：包围0的格子是哪些？

生：有3个，都没炸弹，所以是0。

师：那雷区与数字有什么联系？

生：数字表示它旁边炸弹的数量。

（2）根据方格中炸弹的分布，找出指定空格中炸弹的数量。

游戏：在旗子所在位置填数字

选生上来说一说他成功的秘诀。

生：方格中的数代表这个方格周围炸弹的数量。

师：敢继续挑战吗？

生：敢，这是2。

师：同意吗？明明有2个炸弹呀？

生：我不同意，虽然有2个炸弹，但旗子的周围一个炸弹都没有，所以是0。

师：为什么周围一个炸弹都没有？

生：要与旗子的格子有接触，也就是共边、共点的格子。

师：这个呢？

生：虽然图中有4个炸弹，但只有3个炸弹在与旗子共边、共点的格子里面，有1个炸弹所在的位置，与旗子既不是共边也不是共点，所以只有3个炸弹。

师：你来指一指是哪3个。

生指一指。

师：最后这个呢？

生：虽然图中也有4个炸弹，但只有2个炸弹在与旗子共边、共点的格子里面，有2个炸弹所在的位置，与旗子既不是共边也不是共点，所以只有2个炸弹。

（3）根据方格中炸弹的分布，找出所有空格中炸弹的数量。

师：还有升级版，你们还想来吗？这次要把所有空白格子都填满数字。

请你们先小组讨论，看看可以怎么填。（上台）

师：看来你们已经掌握最基本的技能了。

评析：通过让学生观察雷区，以提问的形式，激发学生的学习兴趣，让学生积极主动地观察思考，自主探索数字与炸弹之间的关系；将三个典型案例进行比较，独立归纳总结规律——"一个格子里的数字表示包围在它周围的炸弹的数量"。

4. 找炸弹（根据格子里的数，找出炸弹）

师：知道有几个炸弹还不是最厉害的，最厉害的是会找炸弹。

画外音：下面雷区中，空格里可能有炸弹，请根据格子中的数字找出炸弹的位置。

师：你能看懂吗？什么是可能有炸弹？

生：可能有也可能没有。

师：怎么确定有没有炸弹？

生：看数字。

师：数字4表示什么？

生：数字4的周围有4个炸弹。

师：怎么找突破口？

生：下面的4，周围只有4个空格，说明都是炸弹。

师：所以你要先找确定的信息，上面的4为什么不行？

生：因为周围有7个空格，不确定炸弹在哪里。

师：看来过关的秘诀就是找突破口，然后找确定的信息。那我们来实战演练一下（见图4）。

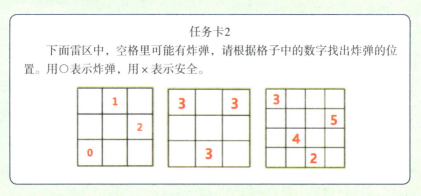

图4

任务要求：限制时间，独立完成，个人分享。

师：大家成功突破了三个关卡，比较一下，你发现了什么？找一找通关秘籍。

形式：小组合作，讨论通关秘籍，记录在通关卡上。分享通关秘籍。

师：大家真的太棒了，在你们的帮助下，韩信带领的大军不仅打败了楚军，还发现了通关秘籍，最后成功建立了汉王朝，为你们点赞。

评析：学生通过自主探索，总结了扫雷游戏的基本技巧，利用技巧可以独立根据方格中炸弹的分布，找出空格中炸弹的数量，为了完成这一目标，本环节设计了两个小活动：一是确定指定空白格中的数字；二是确定所有空白格中的数字。通过循序渐进的教学方法，不断深入，有助于学生在掌握学习内容的同时进一步掌握学习方法。

（四）课后反思

1. 优点

（1）情境营造：营造十面埋伏的情境，使学生投入课堂。

（2）浸入式学习：教师的语言魅力感染学生融入角色，投入学习。

（3）游戏新颖有创意：游戏设计新颖创新，可操作性强。

（4）以问题串贯穿整个课堂：整节课采用了问题串的形式，通过问题来激发学生的求知欲，引导学生主动学习。

2. 缺点（需要改进和反思）

（1）故事的情节不够连贯。

（2）活动形式比较单一，以学生独立完成为主，小组合作的机会不多。

（3）课堂层次不够清晰。

【一句话点评】

"问题是数学的心脏"，好的问题能给学生以方向和动力，提出一个问题比解决一个问题更难。本节课以问题串贯穿始终，以问题为指引，揭示全部的教学内容和教学重点，通过问题来激发学生的求知欲，引导学生主动学习，使学生发现问题、提出问题并解决问题。

趣味推理，九宫之谜
——"颜色游戏"教学案例及评析

深圳市福田区东海实验小学　郑永宁

【游戏介绍】

适合年级：三年级。

玩家人数：4~6人。

游戏时间：40分钟。

【游戏准备】

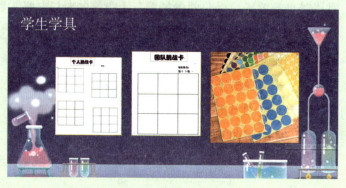

图1

【游戏目的】

培养学生的逻辑思维能力和创造力，激发学生对数学学习的兴趣，通过个人挑战和团队挑战，培养学生合作探究的能力。

【游戏类型】

这是一节推理游戏课，设置三个关卡，以两次个人和一次团队合作为单位进行挑战，用排除法进行推理。

【游戏玩法】

图2

学生通过观察发现，要按照左边的提示把彩色圆片贴在右边的九宫格内，掌握游戏规则后进行比赛。

【游戏教学实战】

（一）教学目标

（1）培养学生的逻辑思维能力和创造力。

（2）激发学生对数学学习的兴趣。

（3）通过个人挑战和团队挑战，培养学生的合作探究能力。

（二）教学重难点

（1）教学重点：通过观察，说一说、贴一贴，找到闯关诀窍。

（2）教学难点：能完整地说清楚推理过程。

（三）课堂回放

1. 课前游戏

师：喜欢玩游戏吗？

生：喜欢。

师：上课前我们先热热身，玩一个简单的颜色游戏。

师：请看大屏幕，大屏幕上出现什么颜色就读什么颜色，听懂了吗？（见图3）

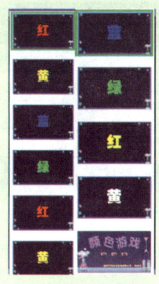

图3

大屏幕展示：红黄蓝绿，红黄蓝绿，红（黄色）黄（白色）。

师：看来，玩游戏一定要细心才行哦。接下来，我们一起玩一个更好玩的颜色游戏。准备好了吗？

生：准备好了！

2. 关卡回放

（1）初级关卡：开始挑战。

初级关卡1。

师：这个游戏要用数学的头脑、数学的方法来玩，它就是"颜色游戏"！想不想试试看？

这个游戏分为初级、中级、高级三级，我们先来挑战一下初级，请同学们将目光移向大屏幕，请看第一关（见图4）。

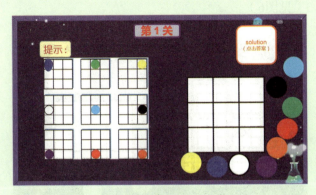

图4

师：任何游戏都有游戏规则，你们先看看，这个游戏怎么玩？谁看懂了？请举起你的小手。

生：按照左边的提示，把右边的颜色填入右边的九宫格里。

师：有序思考，既不重复，也不遗漏，办事效率更高。你们真棒！

初级关卡2（见图5）。

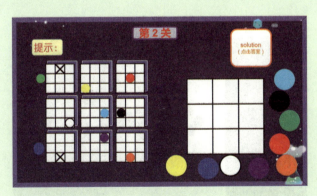

图5

师：多了什么？什么意思？

生：……

师：这个绿色的不能放在这个格子里，同意吗？那我们可以把它放在其他位置吗？有几种方法？能确定吗？不能确定怎么办？先找能直接确定的。这个也是确定了的，拖动到哪儿？继续拖动。

在大家的共同努力下，闯关成功。祝贺你们！

初级关卡3（见图6）。

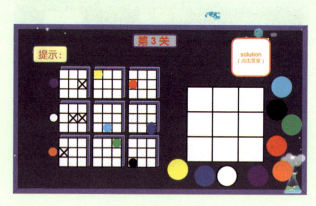

图6

师：还想继续往下玩吗？我觉得光说不练是不行的，你们想不想动手贴一贴？

生：想！

师：小组长下发个人挑战卡（见图7），先看看这张卡，初级关卡有几个九宫格。

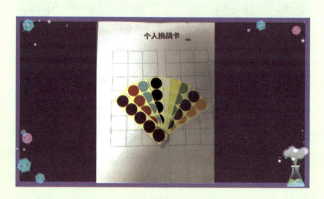

图7

生：两个。

师：也就是贴错一格只能换下一个九宫格重贴。彩色圆片贴错了就不可以撕下来。想好了再动手。本次闯关时间3分钟，计时开始！

师：贴完的小朋友，谁想上来讲一讲？

生上台拖动并讲解。

师：我们玩游戏通常会玩着玩着就总结出一些诀窍，你们总结出来了吗？先怎样？再怎样？

生：把确定的先贴上去，不能马上确定的先空着，用排除法来判断不能马上确定的空格。

师：多好呀！先把确定好的贴上去，再贴不确定的。不确定的用什么方法？（排除法）

排除法是我们日常生活中经常用到的一种选择的方法，用排除法可以不走冤枉路，较快地找到我们所要的答案。

师：初级关卡全部闯关成功，你们想不想进入更难一点的关卡？有没有信心继续闯关？

（2）中级关卡：难度升级（见图8）。

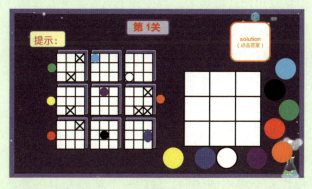

图8

师：看懂了吗？先思考，然后举手发言。

生：有×的不确定，我们先不管它。

师：你说得非常好，我们先把不确定的留着。继续说，怎么拖？

师：第二关谁来讲解。

生上台拖动讲解。

师：第三关谁来讲解。

生上台拖动讲解。

（3）高级关卡：团队挑战。

师：果然，你们就是厉害，顺利闯到最后一关（见图9），个人挑战难不倒你们，现在我们准备小组PK。有没有信心？

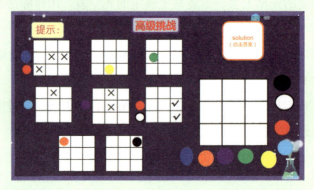

图9

师：请小组长拿出团队挑战卡。都发现了只有一个九宫格，也就是只有一次机会，一旦贴错，必输无疑。

师：6人合作，现在开始。

学生小组合作贴圆片，教师巡视。

师：贴完的小组请举手，上台展示拖动并讲解。

师：你把每一步都讲解得如此到位，让大家听懂你的发言。真是太精彩了，郑老师也好崇拜你！

师：动手操作完全难不倒你们。最后一个难的关卡在等着你们。小组讨论，一会儿找人上台讲解，加油吧！

师：恭喜你们，郑老师简直佩服你们，给你们的精彩表现点赞！这节课就上到这里，下课！

（四）课后反思

1. 优点

（1）游戏导入：课前游戏热身，使学生投入课堂。

（2）浸入式学习：教师的语言魅力感染学生融入学习。

（3）游戏推理性强：通过排除法进行推理。

（4）游戏可操作性强：学生动手贴，全身心融入活动。

2. 缺点（需要改进和反思）

（1）目标定位：给学生以明确的目标定位，激励学生。

（2）彩色圆片的使用是否可以更灵活。

（3）推理课与动手操作的融合是否可以更有高度。

【一句话点评】

游戏的可操作性和色彩感很强，吸引学生参与其中，在贴一贴的活动中，学生的动手能力、推理能力都得到了提升。在完成任务的过程中，学生独立思考、合作、探究、不放弃的游戏精神也得到了培养。

用好奇心、好玩心激发好学心
——"认识小数"教学案例及评析

深圳市福田区荔园外国语小学（香蜜湖）　曾美玲

【游戏介绍】

适合年级：三年级。

玩家人数：2~4人。

游戏时间：10分钟。

【游戏准备】

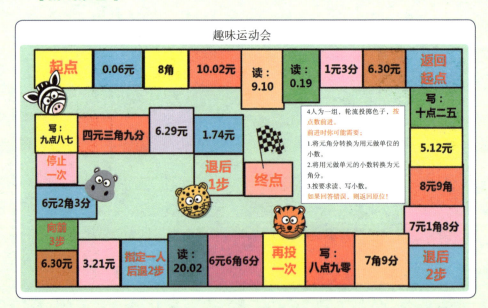

趣味运动会

| | | | | | | |
| 起点 | 0.06元 | 8角 | 10.02元 | 读：9.10 | 读：0.19 | 1元3分 | 6.30元 | 返回起点 |

4人为一组，轮流投掷色子，**按点数前进。**

前进时你可能需要：
1.将元角分转换为用元做单位的小数。
2.将用元做单位的小数转换为元角分。
3.按要求读、写小数。
如果回答错误，则返回原位！

写：十点二五

5.12元

写：九点八七　四元三角九分　6.29元　1.74元

停止一次

6元2角3分

前进3步

退后1步　终点

8元9角

7元1角8分

6.30元　3.21元　指定一人后退2步　读：20.02　6元6角6分　再投一次　写：八点九零　7角9分　退后2步

图1

色子

图2

四色棋子

图3

【游戏目的】

以"趣味运动会"这个桌游充分调动学生学习的积极性。挑战者将在挑战中通过观察，初步掌握小数的写法和读法，学会元角分与用元做单位的小数互相转化。

【游戏类型】

这是一节以新授课为主、桌游为辅的游戏课，2～4人为一组进行挑战，最先抵达终点的玩家胜利。

【游戏玩法】

玩家各执一色棋子，轮流投掷色子，按点数前进。前进时需要将元角分转换为用元做单位的小数或者把用元做单位的小数转换为元角分，甚至要按要求读、写小数，若回答错误，需要返回原位。2~4人为一组进行挑战，最先抵达终点的玩家胜利。

【注意事项】

讲解游戏规则时强调清楚。

【游戏教学实战】

（一）教学目标

（1）结合具体情境认识小数，借助"元、角、分"初步理解小数的含义，学会认、读、写简单的小数。

（2）能把几元几角几分的币值用以元做单位的小数表示，也能把以元做单位的小数改写成几元几角几分的形式，知道元、角、分与小数的关系。

（3）感知数学来源于生活，激发学生热爱数学。

（二）教学重难点

（1）初步理解小数的意义，学会认、读、写简单的小数。

（2）理解元、角、分与小数的关系，能把几元几角几分的币值用以元做单位的小数表示，也能把以元做单位的小数改写成几元几角几分的形式。

（三）课堂回放

1. 创设情境，导入新课

师：同学们，你们有抢过红包吗？上课之前，老师刚刚抢了一个红包。你们猜猜我抢了多少钱。需要提示吗？比7元多，还需要吗？比8元少。瞧［出示图片（7.14元）］。

师：这个数与你们学过的整数一样吗？（不一样）关于这个数，你想知道什么呢？跟同桌讨论一下。今天我们一起来认识数字王国的新成员——小数。

评析：通过设计抢红包的情境，激发学生的学习兴趣。

2. 联系实际，探究新知

（1）认识小数。（什么是小数及小数的读法）

师：请小精灵为我们介绍小数。（播放音频）

师：从小精灵的话中，你收获了什么？谁来说说看？

生回答。

师：这个点叫作小数点，小数点把小数分成两个部分，小数点前面是整数部分，小数点后面是小数部分。带有小数点的数叫作小数。

师：小数应该怎么读呢？小精灵又出场了。请小精灵给我们读读看。

师：从小精灵的话中，你收获了什么？谁来说说看？

师总结：整数部分读法不变，小数点读作点，小数部分则见数读数，像读电话号码一样。

师：那你会读剩下的小数吗？请在学习单上写一写。

生汇报答案。

（2）建立元、角、分与小数的关系。

师：老师刚刚抢的红包是几元几角几分呢？（辨析不是7元14角）我还准备了三个红包，想请坐得最端正的同学上来给大家拆一拆。（生拆）

师：你知道这三个红包各表示几元几角几分吗？

生汇报答案。

师：A、B红包中都有数字4，这两个4一样吗？（从数的位置及意义两个方面强调两个"4"、两个"8"是不一样的，从而让学生认识位置与实际意义有关系。注意让学生把话说完整）

师：从刚刚的红包中，你发现了什么？

生回答。

师总结：小数点前面的整数部分表示元，小数点后的第一位表示角，小数点后的第二位表示分。

师：说得真好。老师把红包里的数遮住，你能根据下面的提示说说原本是多少元吗？你是怎么写出来的？（辨析两个"0"不能省略）

师：表示元的数写在小数点前面的整数部分，表示角的数写在小数点后的第一位，表示分的数写在小数点后的第二位。你学会了吗？请在学习单上写一写这道题。

生汇报答案。

评析：初步理解小数的意义，会读写小数。

3. 游戏练习巩固

师：接下来，我们在超市中进行闯关游戏，同学们有没有信心？

第一关：小数大作战（出示希沃小数雨，读小数）

第二关：找朋友

师发卡片，学生站起来，说出自己手上卡片的内容并向全班提问：我的好朋友在哪里？（设置五组小数及个别干扰项）没找到朋友的同学，你能说说你的好朋友应该叫什么名字吗？（5角=0.50元，0.19元=0元1角9分，32.12元=32元1角2分，7.02元=7元0角2分，6.30元=6元3角0分，干扰项：0.05元，7.20元，19角）

第三关：趣味运动会

评析：游戏具有较大的竞争性、趣味性，能够很好地激发学生的学习兴趣。

4. 生活中的小数

师：今天我们认识了新朋友，叫小数，我们还学会了怎么读、怎么写小数。同学们，我们的生活中又有哪些小数呢？我们一起来看看吧！你能说说生活中还有哪些小数吗？

评析：联系实际生活，激发学生对小数的学习兴趣，让学生体会生活处处有数学。

（四）课后反思

1. 优点

（1）情境营造比较有趣。

（2）课堂以生为主。

（3）游戏具有较大的竞争性、趣味性，能够很好地激发学生的学习兴趣。

2. 缺点（需要改进和反思）

游戏环节有些重复。

【一句话点评】

游戏能激发学生的学习兴趣，在游戏中突破重难点。

益智十二板，探究无极限

——"玩转十二板"教学案例及评析

深圳市福田区荔园外国语学校（香蜜湖）　刘庆玉

【游戏介绍】

适合年级：三年级。

玩家人数：4~6人。

游戏时间：40分钟。

【游戏准备】

卡纸、剪刀、十二板。

【游戏目的】

通过认识、制作、拼凑十二板，熟悉各种几何图形——三角形、正方形、长方形、平行四边形、梯形，培养学生的想象能力和创造力。

【游戏类型】

这是一节操作性游戏课，设计三个比拼，一个创客乐园，以小组为单位进行挑战，获得能量星最多的小组获胜。

【游戏规则】

（1）比拼一：拿出一张正方形纸，照图1制作一副十二板，完成者得到2颗能量星，速度快（前2名）再加1颗能量星。

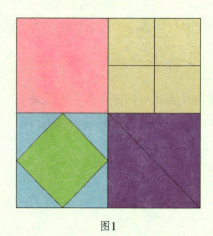

图1

（2）比拼二：利用一副十二板，任选几个板块，拼出三角形。限时3分钟，拼法多者获胜，得2颗能量星。

（3）比拼三：利用一副十二板，自由选定九块板，你能再拼成哪些基本几何图形？限时3分钟，拼出的基本图形多者获胜，得2颗能量星。

（4）创客乐园：利用一副十二板，自由创作主题图，小组间根据各自的拼图编成一个故事，每人获得2颗能量星。

迫不及待地想知道谁是比拼大赢家，来，数一数，能量星获得最多者就是比拼大赢家！

【注意事项】

十二板能引发学生的学习兴趣，帮助学生理解知识点。在游戏之前，教师需要让学生知道游戏规则，讲明纪律要求，需要分组的要先说明分工合作的明细要求。

【游戏教学实战】

（一）教学目标

（1）学生通过观察、分类和拼图等活动认识十二板，初步学会用十二板拼一些简单的图形或图案，进一步体会学习过的平面图形的特点。

（2）学生在拼图活动中了解用十二板组合图形的不同拼法，体会图形的变化，培养动手操作能力和创新意识，发展空间观念和形象思维。

（3）学生在动手操作过程中体验十二板的"巧"和用十二板拼图的"趣"；感受我国古代数学文化的智慧，初步体会我国传统文化的博大精深。

（二）教学重难点

（1）教学重点：用十二板拼不同的图形。

（2）教学难点：用十二板创造性地拼不同的图案。

（三）课堂回放

课前欣赏音乐《神奇的七巧板》。

同学们，又到挑战自己的时候了，今天我们一起来玩转十二板！让我们一起来比拼。来吧，拿出你的勇气和智慧！

比拼一：拿出一张正方形纸图2，照图3制作一副十二板，完成者得到2颗能量星，速度快（前2名）再加1颗能量星。

图2

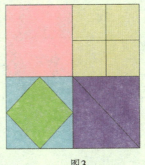

图3

仔细观察：在十二板中，正方形、三角形分别有几个？快去数一数。

比拼二：想想拼拼，感受奇巧。

你能利用一副十二板，任选几个板块，拼出三角形来吗？限时3分钟，拼法多者获胜，得2颗能量星。

学生小组头脑风暴，智力大比拼（见图4~图11）。

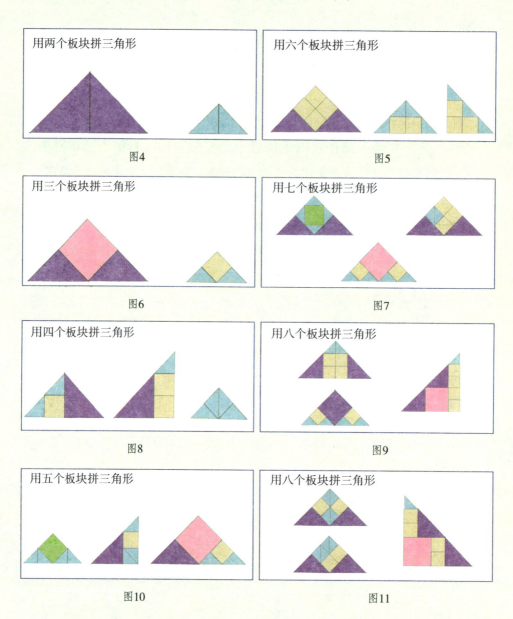

比拼三：利用一副十二板，自由选定九块板，你能再拼成哪些基本几何图形？限时3分钟，拼出的基本图形多者获胜，得2颗能量星。

学生智力大比拼（见图12~图16）。

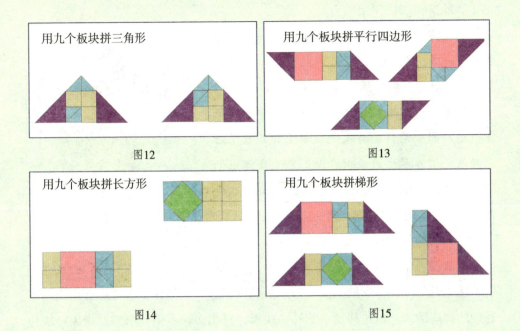

图12　　　　　　　　图13

用九个板块拼长方形

图14

用九个板块拼梯形

图15

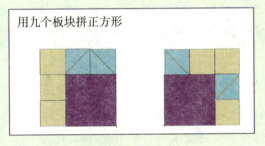

用九个板块拼正方形

图16

评析：在这一操作活动中，有序并对比性地展示学生拼出的图形，通过交流使学生看到不同的九块板可以拼成不同的图形，进而体会图形变换的方法，感受十二板的精妙与神奇。

创客乐园：拼拼说说，激情生趣。

利用一副十二板，自由创作主题图，小组间根据各自的拼图编成一个故事，每人获得2颗能量星。

1. 想象拼图

学生先想一想，再小组合作，创作有趣的图案。

2. 欣赏十二板拼出的有趣图案

先说说拼图分别像什么（见图17），再编成一个故事，说一说。

交流玩十二板的感受。

评析：欣赏图案能让学生体会数学与其他学科之间的联系，能再次调动学生积累数学活动经验，培养学生的应用意识，充分发挥他们的聪明才智，激发学生对七巧板探索的欲望。拼图的空间，展现了数学的魅力。

图17

（四）课后反思

本节课，笔者从十二板的"巧"入手，激发了学生对十二板探索的欲望。拼图活动以"趣"为载体，学生进行由简单到复杂的拼搭活动：通过移动或旋转一块板，拼出多种不同的图形；增加一块相同的板，放置在不同的位置，拼出多种不同的图形；增加一块不同的板，拼出多种不同的图形……但综合实践活动不应始终只在趣中徘徊，而应是数学化的过程。

所以，在学生进行的一系列活动中，教师可引导他们发现和解决问题，在学生进一步熟悉平面图形有关特征的同时，体会它们的联系与区别，并巩固对已学有关平面图形的认识，超越单一书本知识的学习。

【一句话点评】

玩转十二板，让学生在变化中感受十二板的"巧"，体验十二板的"趣"，悟出十二板的数学"味"，享受十二板的"美"，展示数学魅力。

玩转密室逃脱，提升思维能力

——"有趣的推理"教学案例及评析

深圳市福田区南园小学　张锦方

【游戏介绍】

适合年级：三年级。

玩家人数：不限。

游戏时间：40分钟。

【游戏准备】

多媒体课件、iPad。

【游戏目的】

在生动活泼的游戏情境中，激发学生的学习兴趣，让学生经历对生活中的某些现象进行推理、判断的过程，对这些现象进行合理的分析，培养学生的合作意识和主动探索的习惯。通过密室逃脱的活动，发展学生的推理能力，培养学生观察、语言表达、用表格和运用数学解决问题的能力，让学生在经历推理判断的过程中树立自信，体会生活中这些现象蕴含的数学道理。

【游戏类型】

这是一种密室逃脱类游戏，需要游戏玩家在游戏中寻找线索，一步一步地走出密室。这类游戏的玩法很简单，只需要用鼠标即可。本节游戏课设置了三个关卡（先是从两个选项中进行推理判断，然后增加到三个选项，最后到多个选项），先以个人为单位，再以小组为单位进行挑战，最快闯关逃脱密室者成为获胜小组。

【游戏玩法】

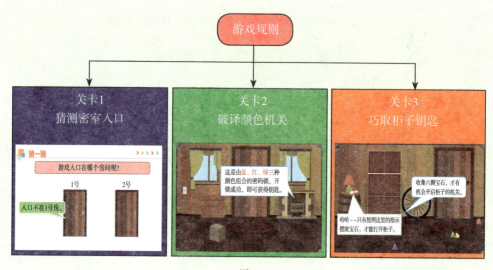

图1

营造游戏氛围，带入游戏角色，师生以玩家的身份进入游戏课堂。教师通过密室逃脱游戏的讲解，学生掌握游戏规则，并开始游戏。

关卡1：猜测密室入口

在了解游戏玩法、掌握游戏规则的基础上，通过判断哪个门是游戏的入口，初步感知推理。

关卡2：破译颜色机关

在初步感知推理的基础上，通过破译密室颜色机关的活动，学会利用文字、表格、连线等方法进行合理的推理。

关卡3：巧取柜子钥匙

在储备了一定的推理经验后，利用小组合作的方法把密室里的宝石根据线索摆放正确，巧取柜子钥匙，逃出密室。

【注意事项】

讲解游戏规则时强调清楚，在准确地推理出结果的同时，尽可能清楚明了地表达推理的过程。

【游戏教学实战】

（一）教学目标

（1）经历对游戏的线索进行推理、判断的过程，能够对这些线索进行合理的分析。

（2）学会运用列表、尝试、操作等解决问题的策略进行推理，发展推理能力。

（3）用语言清楚地表达自己的推理过程，在经历推理判断的过程中树立自信，体会生活中这些现象蕴含的数学道理。

（二）教学重难点

（1）经历对生活中某些现象进行推理和判断的过程，并能对过程和结果进行表述。

（2）利用表格进行推理。

（三）课堂回放

1. 游戏故事导入，讲解游戏规则

师：同学们，你们喜欢玩游戏吗？今天老师给大家带来了一个游戏，叫作密室逃脱（见图2）。

图2

（播放游戏说明语音）

师：想玩吗？

生：想！

师：事不宜迟，我们立即出发吧！

2. 活动探究

活动一：猜测密室入口。

师：入口不在1号房。那入口在哪个房间呢？（见图3）

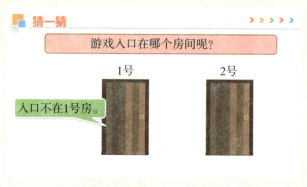

图3

生：2号房。

师：恭喜你们判断正确。老师非常好奇，你们是如何判断入口在2号房的呢？

生：有两个入口，既然不在1号房，那么我们就可以把它排除掉了，只剩下一个，所以只能是2号房了。

师：分析得非常合理，他用了一个词"排除"。两个排除掉一个，就只剩下一个了。

师：像这样根据一定的信息做出合理的判断并得出正确结论的过程，在数学上，我们称为推理。今天这节课我们就一起来学习"有趣的推理"（板书：有趣的推理）。

评析：通过一个简单的猜测入口的游戏，初步感知推理，从而梳理出推理的相关概念，让学生在活动中锻炼表达能力，提高自信心。

活动二：破译颜色机关。

师：找一找，哪里有线索？（柜子、窗户、书桌台）（见图4）。

图4

（这是由蓝、红、绿三种颜色组合的密码锁，开锁成功，即可获得钥匙。）

信息1：红色不在左边。信息2：中间的不是绿色。信息3：最右边的是蓝色。

师：现在你们知道它们分别是什么颜色了吗？请你说。

生：绿色、红色、蓝色。

师：请问你是怎么推理出来的呢？

活动要求：你能用简洁的方式把你的推理过程整理出来吗？

（1）独立思考，教师巡视指导。

（2）同桌之间相互说一说。

（3）全班交流。

方法一：用文字的方式来表示（见图5）。

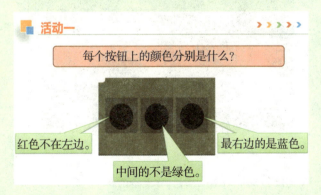

图5

师：他是用文字来表示的。你们能看懂吗？他先确定了右边的是蓝色，再利用信息"红色不在左边"推断出左边是绿色，从而得到中间是红色。文字书写很工整，表达很清楚。

方法二：用列表的方式来表示。

师：我们请他来说说是怎么做的。

我这里有个空表格，你能不能给大家演示一下你的推理过程？

方法三：用连线的方式来表示。

师：这里还有一个同学是这样做的。你们能看懂吗？

生：他是用连线的方式来推理的。

师：张老师想知道为什么都先确定右边呢？（你认为这些信息中哪一条是最关键的？）

评析：让学生经历猜测的过程，初步体会在没有任何信息依据的情况下猜测是得不出准确的答案的。再让学生根据信息推理答案，学会运用列表、尝试、操作等解决问题的策略进行推理，发展推理能力。

活动三：巧取柜子钥匙。

（播放宝石摆放的信息提示）

师：现在以小组为单位，边说边摆，然后想一想哪条信息是最关键的。比比看，3分钟之内哪一个组最快挑战成功。现在请小组长把软板和信封里的宝石倒出来，组员们做好准备（见图6）。

图6

活动要求：宝石分别放在柜子的什么位置？

（1）以小组为单位，摆一摆。

（2）说一说你们是怎么摆的。

（3）想一想哪条信息是最关键的。

（4）全班交流。

师：我们请第一名的小组上来分享一下他们的经验。

生：我们先确定黄宝石和红宝石在左侧。

> 1. 黄宝石和红宝石都放在柜子的左侧，黄宝石在红宝石的上面。
> 2. 蓝宝石在最上面一排左侧。
> 3. 绿宝石不在最上面，也不在最下面。

师：他们先确定左侧的宝石，再来确定右侧的。你们同意吗？

生：同意。

师：也就是说，我们在推理的时候还必须有序思考。当信息多的时候，我们还要学会进行分类，这样才能一步一步得出确定的结论。

师：你们真是聪明的孩子，又一次成功取得了钥匙。恭喜你们再次逃脱成功！

评析：进一步梳理推理的一些策略技巧（推理要有序，可以采用分类的策略），发展学生的推理能力。

（四）课后反思

1. 优点

（1）游戏引领：将学生爱玩的密室逃脱游戏嵌入课堂，使学生投入课堂。

（2）游戏设计的层次感：游戏的设计由两条线索到三条线索再到多条线索，层层递进。

（3）游戏氛围感很强：画面感的设计鲜明，配备了音效，使游戏的现场感很强。

2. 缺点（需要改进和反思）

（1）游戏中如何保证对每位学生进行思维的提升。

（2）推理方法的多样性中，如何实现每位学生都会列表推理。

【一句话点评】

游戏的不确定性设计吸引学生参与其中，在这样的密室逃脱推理游戏中，学生的逻辑推理能力和表达能力都得到了提升，在完成任务的游戏情境中，学生合作、探究、不放弃的游戏精神也得到了培养。

技术与游戏化的创造性设计
——"谜之藏宝图"教学案例及评析

深圳市福田区教科院　姚铁龙

【游戏介绍】

适合年级：三年级。
游戏时间：40分钟。

【游戏准备】

图1

【游戏类型】

这是一节线上App与线下学具实操相结合的游戏课，设置五个关卡。闯过所有关卡，集齐所有勇士勋章，拼出藏有宝藏的宝盒钥匙，打开宝盒，宝藏就是你的了。

【游戏玩法】

图2

1. 快手夺钥匙

记住钥匙盒的形状，并在盒堆中找出正确的钥匙盒。这一关主要是激发学生兴趣，考查学生观察和记忆几何图形的能力。

2. 炸毁神秘墙

任意移动红色方块（灰色方块不能移动）到正确位置，拼出对称数字，才能炸毁神秘墙。此关卡主要复习平移的知识。

3. 召唤神兽

上下拨动两侧图案，成功拼成轴对称图形才能通关（神兽脸谱图案具有迷惑性，其中只有三个图案是轴对称图形）。此关卡主要考查学生对轴对称图形的理解。

4. 动物战争

将动物们按一定的规则摆放，才能找到藏宝箱。动物不能和它们的天敌或者喜爱的食物毗邻而居。此关卡通过学生的动手操作，让学生进一步理解图形的旋转，培养学生的观察推理及空间想象能力。

5. 宝藏密码

用三种不同形状的四连方填满4×4方格图，才能破解宝藏密码。此关卡通过学生的动手操作，让学生进一步理解图形的旋转、对称，主要考查学生的观察能力和推理能力。

【游戏教学实战】

（一）教学目标

（1）通过观察图形的特征及图形的运动，培养学生的空间想象能力和创新意识。

（2）在操作中提高学生观察、分析、比较、推理等能力，锻炼数学思维能力。

（3）让学生在游戏中感受不一样的数学，培养学生数学学习的兴趣。

（二）教学重难点

（1）理解轴对称图形以及图形的运动（平移、旋转）。

（2）利用轴对称、平移、旋转来解决实际问题。

（三）课堂回放

1. 代入游戏角色

师：今天老师要上一节数学游戏课，我要带着大家一起来玩数学游戏，高不高兴？

生：高兴！

师：请看，掌声欢迎！［屏幕上"谜之藏宝图"（见图3）］想玩吗？

生：想！

师：传说在源码大陆的一座古堡里藏着上万年的远古宝藏，可是能够打开宝藏的只有4位勇士，他们是编程猫、火焰熊、大黄鸡和雷电猴（见图4）。在古堡里有很多机关，破解这些机关，就可以夺得宝藏，有勇气挑战吗？

图3

图4

师：现在请我们的班长作为代表来选择一位英雄开始我们的寻宝之旅。

生选择勇士形象。

2. 开启寻宝之旅

第一关：快手夺钥匙

师：孩子们，准备出发，第一关快手夺钥匙。4位勇士带着藏宝图来到古堡门口，可是古堡的大门却紧闭着，怎样才能打开大门呢？谁来说一说？

生：记住盒子的形状就能找到钥匙，翻错了钥匙会被夺走。

闯关所花的时间越短，获得的星星越多。根据星星的数量决定勇士获得的勋章的等级。

师：钥匙在哪儿？（点击屏幕，出现小块图形，附有钥匙，很短的时间后出现大正方形板，刚才的小块图形就藏在上面，见图5）

生点击，屏幕上出现钥匙。

师：恭喜你找到了第一把钥匙，他的观察能力是不是特别强？你要跟大家分享一下体会，要找到钥匙应该怎么办？

图5

生：找到后要记住形状，不能开小差。

师：你们记住了吗？谢谢你，为我们开了一个好头。看看第二把钥匙在哪儿？

三把钥匙都被找出后，钥匙闪亮，屏幕上出现第一块勇士勋章。

第二关：炸毁神秘墙

师：大门打开了，可是眼前出现了一面神秘墙，怎样才能过关呢？和你的同桌说一说。（出示通关规则：移动红色方块，拼出对称数字，见图6）

图6

师：读懂规则了吗？这个对称数字会是几？

生：8。

师：谁能用数学语言描述姚老师这个动作？（移动小方块）

生：向上平移了1格。

师：知道玩法了吗？哪位勇士上台来？你来移动，下面的同学负责说，怎么平移，平移了几格，开始。

学生上台操作（见图7）。

图7

生：向上平移了1格，向右平移了2格，向右平移了1格，向上平移了2格，向下平移了1格，向左平移了1格（见图8）。

图8

师：想炸毁神秘墙吗？由你来炸毁好不好？（神秘墙轰隆一声爆炸了）

第三关：召唤神兽

师：我们成功地找到了数字8，炸毁了神秘墙，难度要升级了。接下来又有什么挑战在等着大家呢？炸毁了神秘墙，可是眼前又出现了守护古堡的神兽（见图9），怕是要过不去啦！你们能召唤神兽吗？有勇气吗？

图9

师：藏宝图提示选中对称的神兽脸谱，就可以召唤神兽。现在我们先来浏览一下两侧的图案，认真观察。（滑动屏幕）哪两位勇士一起上台合作完成？（找到一个）"这是不是对称脸谱啊"？

生：是！

师：赶紧召唤！（屏幕闪光，出现脸谱）你们还想接着找吗？

第四关：动物战争

（1）理解规则。

师：孩子们，我们再一次出发了，经过千辛万苦，终于来到了藏宝间。可是藏宝间里发生了动物战争，我们必须维护动物和平，将动物们按一定的规则摆放，才能拿到藏宝箱！（见图10）请大家看，这些规则你们能看懂吗？

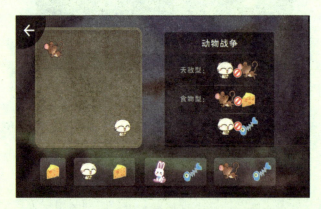

图10

生：动物不能和它们的天敌或者喜爱的食物毗邻而居，让动物们维持和平才能解开密码。

（2）小组合作。

师：看来维护动物和平需要开动脑筋，需要自己动手拼一拼。拼的时候有要求，到底先从哪一块拼图开始摆呢？（见图11）

图11

同桌两人一套磁性学具动手操作，教师巡视指导，并上传学生合作照片。

（3）作品展评。

师：观察这几幅图，你们发现了什么？（见图12）

生：前两幅是对的，后面的错了（指着屏幕），这里不能放猫！

师：我们切换到屏幕上再操作一次，一边操作一边跟大家说明你想怎么摆。

邀请学生上台，一边拼摆，一边说明理由，台下的学生判断对错。

图12

师：恭喜你们，维护了动物和平。

评析：藏宝间里的动物战争看似简单，其实不然。怎样实现知识构建过程的可视化，从而突出"从哪一块开始摆"策略的重要性呢？"智慧课堂"中即时投影技术方便教师在巡视过程中随时捕捉学生的实时作品。尤其是"错误"的作品，它充分暴露了学生思维过程中的不足之处，也是我们提炼策略最有效的载体。课堂上，在拼两幅图的过程中出现错误的作品时，学生之间的交流碰撞达到了一个小高潮，全班学生一起发现问题、解决问题，不同的人有不同的游戏策略，其背后都有不同的思维方式支撑，直观的操作支撑抽象的思考，促成知识的有效建构。这正是课堂上教师所说的："游戏课的玩可不是随便地玩，因为我们要在玩中学、学中思，只有这样的玩才会让我们变得越来越聪明。"

第五关：宝藏密码

（1）理解规则。

师：我们顺利拿到了藏宝箱，可是所有宝藏都被锁在这个密码箱里，打开密码箱的唯一办法是什么呢？

生：用三种不同形状的石块填满方格图，也就是填满方格图三种形状都要用上，才算过关（见图13、图14）。

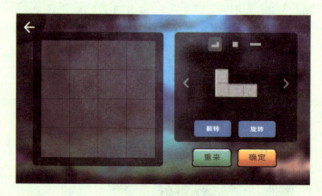

图13

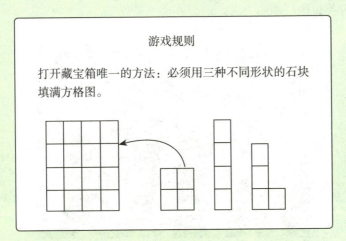

图14

（2）动手操作。

学生用学具在台下操作，学生派代表上台在屏幕上操作（见图15）。

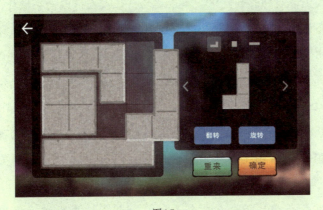

图15

（3）策略分享。

分享环节的问题设计：

① 说说你为什么要先放正方形。

② 可以先摆长方形吗？

③ 长方形只能摆在哪里？

引导学生发现：L形图必须用两次。

（4）分类讨论。

图16

师：最多能找到几种拼法？

引导学生发现：原来通过旋转，看起来不一样的实际上是一样的。

评析：线上游戏转移到线下，提供实物，让人人得以动手操作，并在实践操作中提升综合能力，开发高阶思维。在游戏器材的帮助下，多数学生都能完成游戏任务"用三种不同形状的石块填满方格图"。但在这里，完成任务并不是我们的终极目标，游戏背后的思考才是我们关注的。"先选什么图形？"不同的取材蕴含着不同的逻辑，"田"字形可摆放在9个不同的位置上，一旦确定了它，L形就只能追随左右，顺藤摸瓜完成任务。"一"字形只能有一处位置，先摆放它，剩下两个就比较容易了……从"拼出符合要求的图形"到"尽可能多地拼出图形"，从"发现共性与规律"到"应用规律解决问题"，学生学会正确地综合分析信息，从一到多，再发散思维，最后着眼于实际应用解决问题。

（四）课后反思

游戏元素恰当地融入教学各个环节［游戏化的故事背景（源码大陆寻宝）、挑战性（闯关）、虚拟化身（选择勇士形象）、控制感（学生操作）、反馈系统（画面、音效的出现）、神秘性（任务未知）、时间限制、奖励结构（星级勋章）……］，构成了"勇士寻宝——闯关升级"的游戏机制，并与教学深度融合，为学生创设了一种恋恋不舍、心潮澎湃的学习活动。学生完成游戏活动的同时也在完成数学知识的构建，且学习的专注度更高，学习兴趣更浓厚，学习效果更好。游戏还有高度的融错能力，即使在游戏过程中学生会遇到许多困难，他们也绝不会放弃，而是斗志昂扬地坚持到底，这就是游戏精神，也是"游戏化"学习的精妙之处。

【一句话点评】

一堂精彩的数学游戏课落幕了，数学游戏化教学的研究还在路上！数学原本就源于游戏，未来的学习也必将是基于游戏的学习！从游戏到学习，原本就不应该人为地画出鸿沟，是我们自己落后的思维制造出了那些隔阂。"谜之藏宝图"这一课例让我们看到了游戏的力量，游戏化的课堂令人心动！这正是卡尔教授在《游戏，让学习成瘾》一书中说的："绝大多数研究都表明，游戏化可以促进学习和教育活动的效果。"是的，科学的游戏化教学让学生在游戏中学习，在游戏中成长，在游戏中构建自己的价值观。相信，这样的模式也必将进一步激发学习领域的变革。